essentials

Essentials liefern aktuelles Wissen in konzentrierter Form. Die Essenz dessen, worauf es als „State-of-the-Art" in der gegenwärtigen Fachdiskussion oder in der Praxis ankommt. *Essentials* informieren schnell, unkompliziert und verständlich

- als Einführung in ein aktuelles Thema aus Ihrem Fachgebiet
- als Einstieg in ein für Sie noch unbekanntes Themenfeld
- als Einblick, um zum Thema mitreden zu können

Die Bücher in elektronischer und gedruckter Form bringen das Fachwissen von Springerautor*innen kompakt zur Darstellung. Sie sind besonders für die Nutzung als eBook auf Tablet-PCs, eBook-Readern und Smartphones geeignet. *Essentials* sind Wissensbausteine aus den Wirtschafts-, Sozial- und Geisteswissenschaften, aus Technik und Naturwissenschaften sowie aus Medizin, Psychologie und Gesundheitsberufen. Von renommierten Autor*innen aller Springer-Verlagsmarken.

Jens Uwe Pätzmann • Fabiola Arnold

Akustische Markenführung mit Archetypen

Hörbar unverwechselbar: 12 unterschiedliche Musikgenres für den einzigartigen Marken-Sound

Springer Gabler

Jens Uwe Pätzmann
Ulm, Deutschland

Fabiola Arnold

ISSN 2197-6708 ISSN 2197-6716 (electronic)
essentials
ISBN 978-3-658-52143-1 ISBN 978-3-658-52144-8 (eBook)
https://doi.org/10.1007/978-3-658-52144-8

Die Deutsche Nationalbibliothek verzeichnet diese Publikation in der Deutschen Nationalbibliografie; detaillierte bibliografische Daten sind im Internet über https://portal.dnb.de abrufbar.

Planung/Lektorat: Imke Sander
Springer Gabler ist ein Imprint der eingetragenen Gesellschaft Springer Fachmedien Wiesbaden GmbH und ist ein Teil von Springer Nature.
Die Anschrift der Gesellschaft ist: Abraham-Lincoln-Str. 46, 65189 Wiesbaden, Germany

PS: Aus Gründen der besseren Lesbarkeit wird auf die gleichzeitige Verwendung der Sprachformen männlich, weiblich und divers (m/w/d) verzichtet.

Was Sie in diesem *essential* finden können

- Vorstellung des Konzepts der archetypischen Markenführung von Pätzmann & Hartwig
- Eine Einführung in die akustische Markenführung
- Eine empirische Studie, die erstmals den Zusammenhang der 12 wichtigsten Musikgenres mit Archetypen herstellt
- Akustische Markenführung als ein Baustein der multisensorischen Markenführung
- Konkrete Hilfestellung für die Markenführungspraxis

Vorwort

In einer von Marken geprägten Welt, in der das Produktangebot zunehmend identisch wird und daher der Wettbewerb weniger auf Produkt- als auf Kommunikationsebene ausgetragen wird, werden Konsumenten regelrecht von Informationen überflutet (Bandar & Willers, 2011, S. 315). Hierdurch wird die für jede Marke und jedes Unternehmen zur Verfügung stehende Aufmerksamkeitsspanne des Konsumenten allerdings kürzer und die strategische Markenführung noch komplexer. Um die zielgerichtete Aufmerksamkeit eines potenziellen Konsumenten zu erreichen, hat sich in den letzten Jahren die multisensorische Markenführung als äußerst effektiv erwiesen (Steiner, 2015). Die Informationsaufnahme des Gehirns über das Ohr stellt mit 0,05 Sekunden zeitlich gesehen die schnellste aller Sinne dar (Dorner, 2020). Nicht ohne Grund findet das Sound Marketing zunehmend Anwendung. Sound Marketing stellt die Markenkommunikation mittels akustischer Reize dar und wird synonym auch als Sound Branding, Audio Branding, Sonic Branding oder Acoustic Branding bezeichnet und ist ein Teilbereich des multisensorischen Marketings (Steiner, 2021, S. 41). Ziel ist, dass die akustischen Markenelemente der Markenidentität sowie -positionierung entsprechen und diese zum Ausdruck bringen. Neurowissenschaftlich gesehen, stehen akustische Reize und Emotionen in enger Verbindung, da sie in derselben Gehirnregion verarbeitet werden (Roth, 2005, S. 105). Denn das Erlangen der Aufmerksamkeit ist nur eine hinreichende Bedingung, wenn anschließend weitere physische oder psychische Reaktionen z.B. in Form von Emotionen oder Assoziationen ausgelöst werden, um die Marke auch langfristig im Gedächtnis des potenziellen Konsumenten zu verankern und sich von anderen Marken zu differenzieren. Für das Auslösen gezielter Emotionen und Assoziationen haben sich in der strategischen Markenführung Archetypen als hilfreich erwiesen. Diese stellen Urbilder der Menschheit dar, welche an Emotionen geknüpft sind und im kollektiven Unbewussten des Menschen wirken (Jung, 2020a; Pätzmann & Hartwig, 2018, S. 1).

Die Theorie der Archetypen lässt sich auf Carl Gustav Jung (Jung, 2020a) zurückführen. Auf Grundlage seiner Forschungen entstanden im Laufe der Zeit weitere Theorien und Modelle. Während Margaret Mark und Carol S. Pearson (2001) von einem geschlossenen Modell mit 12 Archetypen ausgehen und dieses mit den Grundmotiven des Menschen koppeln sowie auf die strategische Markenführung anwenden, ergänzte die Werbeagentur Young & Rubicam die 12 Archetypen durch 12 Schattenarchetypen (Solomon, 2013, S. 221–222). Das archetypische Modell von Pätzmann und Hartwig (2018), auf das sich dieses Essential im Wesentlichen bezieht, gilt als eines der neuesten und umfassendsten Modelle. Es zeichnet sich u.a. durch die zusätzliche Integration von weiblichen Archetypen sowie den Einbezug von Antiarchetypen aus.

Bisher wurde zwar die Wirksamkeit von Musik in der Markenkommunikation umfassend behandelt, jedoch bleibt offen, ob Musikgenres beim Konsumenten gezielt Assoziationen hervorrufen können, die mit den Eigenschaften einer Marke – repräsentiert durch Archetypen – übereinstimmen. Diesbezüglich ergibt sich eine Erkenntnislücke, die dieses Essential schließen möchte. Es richtet sich an alle, die sich professionell mit strategischer Markenführung beschäftigen und tiefer in das Thema multisensorische Markenführung einsteigen wollen. Pätzmann et al. haben bereits wissenschaftliche Beiträge zu Farben und Formen veröffentlicht (Pätzmann, Jens U. & Kübler, C., 2023, S. 147–176; Steinecke, S. & Pätzmann, Jens U., 2023, S. 117–146). „Akustische Markenführung mit Archetypen" ist die dritte Veröffentlichung zur Multisensorik. Geplant ist eine weitere zu Gerüchen (Forschungsfrage: Kann man Archetypen riechen?).

Die beiden Autoren bedanken sich bei Imke Sander vom Verlag Springer Gabler für die gewohnt kooperative und professionelle Zusammenarbeit.

Neu-Ulm
im Juli 2026

Jens Uwe Pätzmann
Fabiola Arnold

Inhaltsverzeichnis

Über die Autoren

Prof. Dr. Jens U. Pätzmann ist Professor für Marketing, Branding & Strategy an der Hochschule Neu-Ulm. Er ist außerdem Direktor des Instituts für Entrepreneurship, Innovation und Nachhaltigkeit (IfE) und Mitglied des Afrika-Instituts. Seine Forschungsschwerpunkte umfassen die Themen Markenpersönlichkeitsmodelle, Positionierung, Customer Insight Research, archetypisches Storytelling und Multisensorik im Kontext von Startups und deren Ökosystemen. Jens U. Pätzmann ist einer der wenigen Marketingforscher in Deutschland, die sich intensiv mit Archetypen beschäftigen. Er verwendet sozialpsychologische und kulturanthropologische Methoden, meist qualitativ, manchmal quantitativ. E-Mail: jens.paetzmann@hnu.de

Fabiola Arnold hat Betriebswirtschaftslehre mit Schwerpunkt Marketing, Branding & Strategy an der Hochschule Neu-Ulm studiert. Sie war bereits bei Bosch Rexroth als Werkstudentin im Growth Marketing sowie als Praktikantin im Bereich Digital Marketing Communication tätig und hat im Rahmen einer Auftragsarbeit eine empirische Untersuchung zu Archetypen und Musikgenres durchgeführt. Zurzeit absolviert sie den Master-Studiengang International Corporate Communications and Media Management.

Einleitung 1

1.1 Markenführung und Archetypen

Seit Anfang der 2000er-Jahre wurde das Konzept der Archetypen, über die Anwendung in der analytischen Psychologie hinaus, erstmals für Fragestellungen in der strategischen Markenführung angewendet. In den folgenden Jahren wurde dieser Ansatz von verschiedenen Werbeagenturen und Autoren auf unterschiedliche Weise interpretiert und weiterentwickelt. Im Folgenden werden die jeweiligen Stärken und Schwächen ausgewählter Modelle erläutert, die bereits von Pätzmann und Hartwig (2018) zusammengetragen wurden.

Im Gegensatz zu Carl Gustav Jung, der stets von einem offenen Konzept einer undefinierten Anzahl archetypischer Bilder ausging, entwickelten Margaret Mark und Carol S. Pearson ein Modell von zwölf Archetypen, das mit den vier Grundmotiven des Menschen verknüpft wurde und als geschlossenes System zu betrachten ist (Jung, 2020c, S. 146; Kratzer et al., 2018, S. 13; Mark & Pearson, 2001). Somit konnten Archetypen erstmals dazu eingesetzt werden, Markenpersönlichkeiten und Positionierungsansätze zu entwickeln, wodurch Marken unmittelbar im kollektiven Unbewussten des Konsumenten verankert werden können (Pätzmann & Adamczyk, 2020, S. 7). So bahnbrechend das Konzept scheint, weist es zwei wesentliche Schwachstellen auf. Zum einen umfasst es nur männliche Archetypen, wodurch u. a. die Mutter als stärkster Archetyp außen vorgelassen wird (Pätzmann & Hartwig, 2018, S. 1–2). Zum anderen basiert der Ansatz von Mark und Pearson ausschließlich auf positiven Archetypen. Somit fehlen die von Jung eindeutig definierten Gegenstücke, um die Syzygie zu vervollständigen (Jung, 2020b, S. 78; Pätzmann & Hartwig, 2018, S. 2).

J. U. Pätzmann, F. Arnold, *Akustische Markenführung mit Archetypen*, essentials, https://doi.org/10.1007/978-3-658-52144-8_1

Die Werbeagentur Young & Rubicam (Y&R) war sich der Relevanz der Schattenarchetypen hingegen bewusst und integrierte zudem feminine Archetypen in ihr sogenanntes BrandAsset® Archetypes-Modell (Solomon, 2013, S. 221). Diese Schatten stellen Urbilder dar, deren negative Eigenschaften die positiven überwiegen. Obwohl das Modell international bekannt ist, weist auch dieser Ansatz Schwächen auf. Um mit Hilfe von Archetypen bestmöglich Bilder und Assoziationen im Kopf der Rezipienten auszulösen, sollten die verwendeten Begriffe möglichst nahbar sein (Pätzmann & Hartwig, 2018, S. 2). Das von Young & Rubicam entwickelte Modell basiert jedoch auf mittelalterlichen Mythen, weshalb die verwendete Terminologie veraltet ist (Pätzmann & Adamczyk, 2020, S. 8).

Als erstes deutsches Modell wurde 2010 das Neuroversum of Archetypes (NoA®) vorgestellt (Spiegel & Jens, 2010). In Anknüpfung an das Modell von Mark und Pearson verbindet auch dieser Ansatz Archetypen mit menschlichen Motivsystemen (Spiegel & Jens, 2010, S. 63). Innerhalb einer sogenannten Motivlandkarte lässt sich der Standpunkt einer Marke identifizieren und darauf basierend neu positionieren, um langfristig die Einzigartigkeit der Marke zu bewahren (Spiegel & Jens, 2010, S. 66). Wesentliche Defizite lassen sich jedoch auch in den fehlenden Schattenarchetypen sowie femininen Archetypen finden (Pätzmann & Hartwig, 2018, S. 3). Pätzmann und Hartwig bezeichnen das Neuroversum daher zwar als einen höchst interessanten Ansatz im Kontext der Markenführung, jedoch gilt es aufgrund der zuvor genannten Defizite als unvollständig.

Das Modell von Pätzmann und Hartwig (2018) umfasst vierzehn Archetypen sowie vierzehn gegensätzliche Antiarchetypen und basiert als erstes Modell auf einer umfassenden empirischen Untersuchung von 50 weltweit erfolgreichen Blockbustern. Die sogenannten Antiarchetypen stellen jeweils das Gegenteil oder eine Übersteigerung ihres entsprechenden Archetyps dar (Pätzmann & Hartwig, 2018, S. 26). Darüber hinaus umfasst der Ansatz sowohl feminine als auch maskuline (Anti-)Archetypen und verwendet im Vergleich zu vorherigen Modellen zeitgemäße Begriffe. Innerhalb dieses Modells spiegelt sich das Geschlecht jedes Archetyps mit dem des jeweiligen Antiarchetyps. So ist beispielsweise der Antiarchetyp Sklavin das Gegenstück zum weiblichen Archetyp Amazone, während der Antiarchetyp Psychopath hingegen den Antagonisten zum männlichen Künstler darstellt. Die Antiarchetypen spiegeln entweder die Archetypen oder sind eine Übersteigerung derer.

Wie in Abb. 1.1. und Abb. 1.2 ersichtlich wird, lassen sich die Archetypen und Antiarchetypen jeweils kreisförmig anordnen und werden in der visuellen Darstellung durch jeweils drei Eigenschaften beschrieben. Innerhalb dieser Anordnung

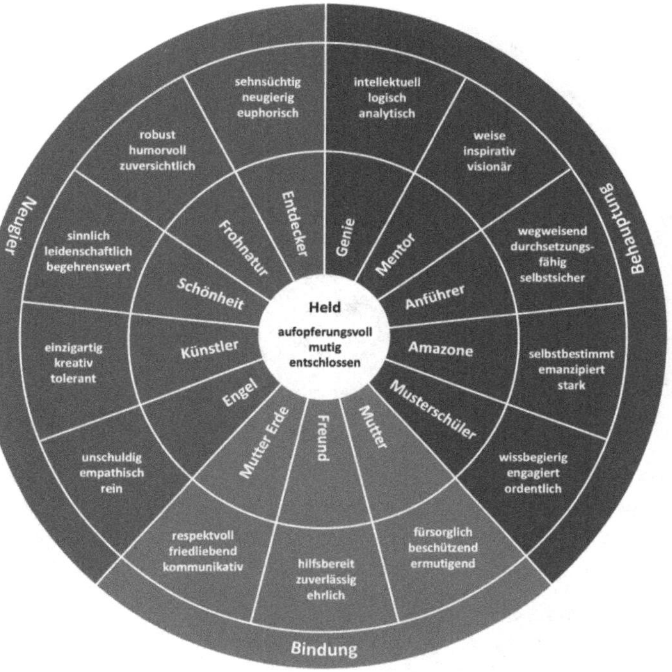

Abb. 1.1 Archetypen des archetypischen Modells nach Pätzmann und Hartwig. (Quelle: Pätzmann & Hartwig, 2018, S. 8))

werden sie gemäß grundlegenden motivationalen Verstärkern und Barrieren sortiert. Diese sind im äußeren Ring sichtbar. Der Held und dessen Antiarchetyp, der Zerstörer, nehmen in dem Modell hingegen eine besondere Rolle ein (Pätzmann & Hartwig, 2018, S. 7; 26). Die beiden sogenannten Meta-Archetypen lassen sich nicht nur einem, sondern allen drei Motivsystemen zuordnen, weshalb sie in der Mitte angeordnet werden. Archetypen und Antiarchetypen können umfassend in der strategischen Markenführung eingesetzt werden (Hebel & Pätzmann, 2024; Kratzer et al., 2018; Lorenz et al., 2018; Miller & Pätzmann, 2023; Pätzmann & Adamczyk, 2020; Pätzmann & Benzing, 2018; Pätzmann & Busch, 2019; Pätzmann & Genrich, 2020; Pätzmann & Hartwig, 2018; Pätzmann et al., 2023; Steineck & Pätzmann 2023).

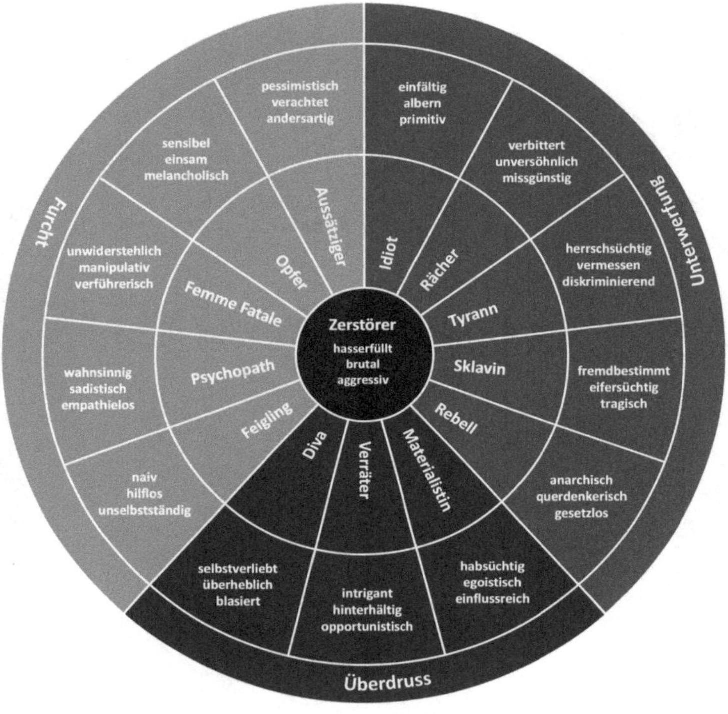

Abb. 1.2 Antiarchetypen des archetypischen Modells nach Pätzmann und Hartwig. (Quelle: Pätzmann & Hartwig, 2018, S. 27)

1.2 Akustische Markenführung

Der Hörsinn des Menschen, als einer der Fernsinne, ist einer der wichtigsten Wahrnehmungs- und Warnsinne (Mai, 2010, S. 14). Im Unterschied zum Auge kann das Ohr nicht auf natürliche Weise verschlossen werden und ist zudem nicht an einen spezifischen Blickwinkel gebunden (Raffaseder, 2016, S. 103). Daher nimmt der Hörsinn auch bei ungerichteter Aufmerksamkeit jegliche Schallsignale in einem Raum wahr. Bekannt ist dieser Effekt als sogenanntes „Cocktail-Party-Phänomen" (Bandar & Willers, 2011, S. 317). So können sich Menschen auch in relativ lauter Umgebung problemlos auf ein Gespräch konzentrieren, während andere Stimmen nur als Hintergrundgeräusch wahrgenommen werden (Raffaseder, 2016, S. 103). Bei interessanten Gesprächen oder dem Ertönen des eigenen Namens kann die

Aufmerksamkeit jedoch sofort umgelenkt werden. Dies verdeutlicht nicht nur die selektiven Möglichkeiten der Aufmerksamkeit, sondern zeigt auch, dass sämtliche akustische Umgebungsreize permanent unbewusst belauscht und analysiert werden (Bandar & Willers, 2011, S. 317). Insbesondere Marken können sich dieses Phänomen zunutze machen, um direkt im Unterbewusstsein anzuknüpfen sowie die Aufmerksamkeit des Rezipienten durch bestimmte Schlagworte oder akustische Gestaltungsparameter zu gewinnen.

In der Markenkommunikation wird dies gezielt eingesetzt, um die gewünschte Stimmung, die sich nicht immer in Worte fassen lässt, zu erzeugen und die Zielgruppe auf einer möglichst emotionalen Ebene zu erreichen. Zudem ist Musik in der Lage, weltweit einheitliche Botschaften zu vermitteln, über kulturelle oder sprachliche Barrieren hinweg.

Die akustische Markenführung umfasst alle strategischen Überlegungen und Maßnahmen, welche die verschiedenen akustischen Kommunikationselemente einer Marke auf deren Identität abstimmen und dadurch die Entwicklung einer „Sound Identity“ anstrebt (Ballhausen & Tallau, 2008, S. 48; Nölke, 2009, S. 61). Ziel dieser ist neben der Emotionalisierung der Marke die Stärkung der Identität, die Differenzierung von anderen Marken sowie das Erinnern (Recall) und Wiedererkennen (Recognition) der Marke – insbesondere die Verknüpfung von Positionierungsinhalten (Ballhausen & Tallau, 2008, S. 48; Steiner, 2021, S. 43; Ulrich, 2016, S. 135). Mittels strategisch entwickelter und abgestimmter Soundelemente können gezielt Assoziationen ausgelöst werden. Während diese früher überwiegend nach den Vorlieben der Zielgruppe gewählt und gestaltet wurden, steht heute häufig die Vermittlung der Markenwerte im Vordergrund (Schaefer, 2014, S. 7). Eine Marke klingt nicht nur jung oder sportlich, sondern vermittelt Reinheit oder Innovation und versucht möglichst viele Zielgruppen gleichzeitig zu erreichen. Wichtig ist, dass die Gestaltung der akustischen Elemente nicht allein dem persönlichen Geschmack der Entscheidungsträger überlassen wird, sondern diese gezielt auf die Markenidentität abgestimmt werden. Denn eine schlechte oder unprofessionelle Gestaltung akustischer Elemente birgt das Risiko eines negativen Markenimages und kann in der Konsequenz zu Reaktanzen führen (Kastner, 2008, S. 130). Gemäß Ballhausen und Tallau (2008) sollten im Zuge der strategischen Überlegungen daher drei Dimensionen beachtet werden. Die erste Dimension umfasst die akustischen Gestaltungsparameter wie z. B. die Klangfarbe, Harmonie sowie den Rhythmus und kann durch eine Zusammenstellung sogenannter „Moodboards“, bestehend aus bereits existierenden Musikstücken, ergänzt werden. In der zweiten Dimension wird festgelegt, welche akustischen Markenelemente (z. B. Audio-Logo oder Jingle) für die Kommunikation eingesetzt werden. Die letzte der drei Dimensionen bilden schließlich die auditiven Markenkontaktpunkte (Brand Touch Points) zwischen dem Konsumenten und der Marke.

Da die Kontaktpunkte je nach Zielgruppe variieren, müssen diese der Marke entsprechend analysiert und angepasst werden (Steiner, 2015, S. 129). Wurden die genannten Entscheidungen getroffen, empfiehlt es sich, die Überlegungen in einem sogenannten „Brand Sound Guide" schriftlich festzuhalten (Steiner, 2015, S. 129). In der visuellen Gestaltung hat sich der „Styleguide" bereits zu einem Standard entwickelt, während das Äquivalent für die Akustik jedoch noch sehr selten zu finden ist.

1.2.1 Emotionale und assoziative Wirkung der Musik

Emotionen unterstützen die Bewertung von Ereignissen im Umfeld und bestimmen dadurch das Denken und Handeln. Da „die Verarbeitung von Musik und das Entstehen emotionaler Eindrücke in der gleichen Gehirnhälfte liegen, kann davon ausgegangen werden, dass Musik ein geeigneter Reiz für die Vermittlung emotionaler Bedeutungen in der Werbung ist" (Tauchnitz, 1990, S. 34). Insbesondere akustische Gestaltungsparameter prägen die musikalische Form und Ausprägung und sind von grundlegender Bedeutung für die Art und Weise wie Klänge wahrgenommen, verstanden und empfunden werden. Zu diesen lassen sich Tempo, Tonart, Tonhöhe, Rhythmus, Harmonie, Klangfarbe und die Lautstärke zählen. Da es bereits zahlreiche Studien zu den verschiedenen Parametern und deren emotionaler Wirkung sowie Assoziationen gibt, werden ausgewählte Parameter zusammenfassend dargestellt.

Das Tempo wird in „beats per minute" (bpm), also Anzahl der Schläge pro Minute, gemessen und ist für aktivierende bzw. entspannende Emotionen von Bedeutung (Flecker, 2014, S. 36). Befindet sich der Körper im Normalzustand, so schlägt das Herz etwa 60 bis 80-mal in der Minute (Rudolf-Müller & Tiefenböck, 2023). Musik, deren Tempo weniger bpm beträgt, wirkt auf Rezipienten beruhigend, melancholisch und versetzt diesen in einen eher entspannten Zustand (Flecker, 2014, S. 36). Ein schnelleres Tempo lässt Musik hingegen aufregender und dynamischer erscheinen und wird oft mit Freude assoziiert (Roth, 2005, S. 119).

Der Rhythmus stellt das Verhältnis von Pausen und Tönen dar (Ringe, 2005, S. 22). Dieser verleiht einem Musikstück nicht nur eine Struktur, sondern kann darüber hinaus kulturelle Assoziationen auslösen (Kah, 2023). Ein besonders prägnanter Rhythmus stellt beispielsweise der des Sambas dar. Besonders interessant, hinsichtlich bestimmter Assoziationen und stereotypischen Klischees ist zudem die Klangfarbe, durch welche sich Instrumente unterscheiden lassen. In der Werbung kann dies gezielt genutzt werden: So wird ein Akkordeon häufig mit der Hafenstimmung assoziiert, während der Dudelsack an Schottland erinnert und Kastagnetten Bilder von Spanien im Kopf der Rezipienten auslösen (Ballhausen & Tallau, 2008, S. 52).

Die Tonart ist eines der wichtigsten Unterscheidungskriterien hinsichtlich der Stimmung (Flecker, 2014, S. 34). Dur-Tonarten werden häufig als fröhlich und lebhaft wahrgenommen, während Moll-Tonarten mit einer traurigen, melancholischen und geheimnisvollen Stimmung in Verbindung gebracht werden (Steiner, 2022, S. 22).

Darüber hinaus spielt die Harmonie eine wesentliche Rolle. Konsonante Harmonien vermitteln meist ein Gefühl des Wohlklangs sowie Stabilität und rufen hierdurch ein Gefühl von Zufriedenheit hervor (Litzow, 2023, S. 7). Dissonante Harmonien erzeugen hingegen Spannung und Unruhe. Durch einen Wechsel von dissonanten zu konsonanten Harmonien kann in Werbespots die positive Wirkung eines Produktes klanglich symbolisiert werden, wie beispielsweise die eines Arzneimittels (Roth, 2005, S. 118). Bruner (Bruner, 1990, S. 100) hat in seiner Arbeit verschiedene Studien zur emotionalen Wirkung akustischer Gestaltungsparameter zusammengetragen.

1.2.2 Akustische Markenelemente

Um eine akustische Klangwelt zu kreieren, steht einem Unternehmen eine Vielzahl akustischer Elemente (Brand Sounds) zur Verfügung. Dabei kann auf einzelne oder mehrere Brand Sounds gleichzeitig zurückgegriffen werden. In letzterem Fall ist von entscheidender Bedeutung, dass diese möglichst konstant und konsistent aufeinander sowie auf andere, z. B. visuelle Markenelemente, aber insbesondere die Markenidentität abgestimmt werden. Dies ermöglicht das Wiedererkennen einer Marke auch außerhalb der Aufmerksamkeit und des Gesichtsfeldes des Rezipienten (Kilian, 2016, S. 43). Im Folgenden werden die gängigsten akustischen Markenelemente aufgeführt und anhand ihrer Funktion beschrieben.

Das Audio-Logo, auch als Soundlogo bezeichnet, ist das akustische Äquivalent zum visuellen Logo und sollte in wenigen Sekunden durch eine markante Tonfolge oder ein spezifisches Geräusch den Markenkern zum Ausdruck bringen (Ballhausen & Tallau, 2008, S. 53; Nölke, 2009, S. 63). Die Platzierung des Audio-Logos erfolgt zumeist am Beginn oder am Ende eines Werbespots, um den Wiedererkennungswert zu erhöhen (Steiner, 2015, S. 131). Darüber hinaus kann es als Ausgangspunkt für die Gestaltung weiterer akustischer Markenelemente dienen (Ballhausen & Tallau, 2008, S. 53). Hierbei sollte es einprägsam, unverwechselbar, prägnant, flexibel und zur Marke passend gestaltet werden (Bronner & Hirt, 2016, S. 55). Diese Merkmale gewährleisten, dass das Audio-Logo leicht im Gedächtnis des Rezipienten gespeichert und sofort mit der Marke assoziiert wird. Eines der bekanntesten Audio-Logos ist das der Telekom: Passend zu den kleinen magentafarbenen Quadraten des visuellen Logos, erklingen fünf Töne in einem Frequenzbereich, welchen das menschliche Ohr besonders gut wahrnimmt.

Im Verhältnis zum Audio-Logo ist der Jingle etwas länger und kann als Vertonung eines Slogans betrachtet werden (Schramm & Spangardt, 2016, S. 435). Dieser spricht den Konsumenten sowohl melodisch als auch textlich an (Nölke, 2009, S. 64). Um eine leichte Einprägsamkeit zu gewährleisten, sollte die Melodie möglichst kurz und der Tonumfang gering sein (Steiner, 2021, S. 52). Ein bekanntes Beispiel ist der Haribo-Jingle: „Haribo macht Kinder froh – und Erwachsene ebenso". Aufgrund der zweidimensionalen Ansprache kann die Werbebotschaft besonders gut aufgenommen, verarbeitet und gespeichert werden (Ballhausen & Tallau, 2008, S. 53). Hat sich die Verknüpfung von Musik und Slogan im Bewusstsein des Konsumenten verfestigt, kann der Jingle auch rein instrumental eingesetzt werden, wodurch er dem Audio-Logo sehr nahekommt (Bronner & Hirt, 2016, S. 57). Im Laufe der Jahre hat der Jingle allerdings an Bedeutung verloren (Ballhausen & Tallau, 2008, S. 53).

Der Brand Song ist ein Musikstück, das typischerweise aus ganzen Strophen und Refrains besteht (Steiner, 2021, S. 52). Dabei umfasst dieser meist die gesamte Länge eines Werbespots und wird häufig in TV-, Radio-, Kinospots oder am Point of Sale (POS) eingesetzt (Bronner & Hirt, 2016, S. 58). Im Gegensatz zum Commercial Song, der nur vorübergehend für eine definierte Werbekampagne verwendet wird, wird der Brand Song über eine längere Zeit in der Markenkommunikation eingesetzt und sollte auf die akustische Markenidentität abgestimmt sein (Bronner & Hirt, 2016, S. 314; Nölke, 2009, S. 65). Ziel ist es, die Markenbotschaft authentisch zu unterstützen und eine passende Atmosphäre zu erzeugen. Dabei besteht die Möglichkeit, einen neuen Titel für die Marke zu kreieren oder aber bereits bestehende Titel markengerecht anzupassen, wobei Vor- und Nachteile sorgfältig abgewogen werden müssen (Steiner, 2021, S. 53). Während bekannte Titel bestimmte Assoziationen bzw. einen etablierten Ruf strategisch auf die Marke übertragen können, ist ein exklusiv komponiertes Musikstück aufgrund nicht anfallender Lizenzkosten meist günstiger und kann die Marke einzigartig präsentieren. Wird der Brand Song bereits über einen längeren Zeitraum eingesetzt, kann er durchaus zeitgemäß angepasst werden und zudem ein „Wear-Out-Effekt" vermieden werden. So wurde der Werbesong von Langnese „Like Ice in the Sunshine" bereits von einer Vielzahl an Künstlern verschiedener Musikstile wie Pop, Hip-Hop, Techno oder Country neu aufgenommen (Bronner & Hirt, 2016, S. 58).

Der Soundscape – zu Deutsch „Klanglandschaft" – ist eine akustische Klangatmosphäre, die durch die Kombination verschiedener Klangelemente wie Klangobjekte und -flächen entsteht (Bronner & Hirt, 2016, S. 314). Im Gegensatz zu Brand Songs werden keine Rhythmen oder Melodien eingesetzt, sondern vielmehr einzelne Klänge, Töne oder Geräusche, die im Hintergrund wirken (Ballhausen & Tallau, 2008, S. 54). Ein Beispiel sind die „weichen", „sphärischen" Klangflächen des Mobilfunkanbieters O_2, welche die typischen Wasserblasen akustisch untermalen (Bronner & Hirt, 2016, S. 61). Ziel ist es, beispielsweise in Verkaufs- und Warteräumen, Foyers oder Messeständen eine positive Atmosphäre zu schaffen und so die Verweildauer des Konsumenten zu erhöhen (Steiner, 2021, S. 55).

Das Sound Icon stellt das kürzeste Klangelement in der akustischen Markenkommunikation dar und weist meist ikonisch auf bestimmte Merkmale und Eigenschaften der Markenleistung hin (Bronner & Hirt, 2016, S. 60). Dieses kurze Klangelement, häufig nicht länger als 500 Millisekunden, kann Teil des Audio-Logos oder sogar der Mittelpunkt eines Werbespots sein, wie beispielsweise das berühmte „Flensburger Plopp" oder das charakteristische „Zischen" beim Öffnen einer Coca-Cola-Flasche (Steiner, 2021, S. 55–56). Da Sound Icons auf bekannten Alltagsgeräuschen basieren, müssen sie nicht erlernt werden, um bestimmte Assoziationen auszulösen.

In der Literatur wird darüber hinaus häufig die Brand Voice thematisiert, die durch das Geschlecht, die Sprachfärbung, die Tonalität und den Klang die Markenpersönlichkeit widerspiegeln sollte (Nölke, 2009, S. 65–66). Diese stellt jedoch ein eigenständiges Thema dar und wird an dieser Stelle nicht näher vorgestellt. Im Folgenden konzentriert sich das Essential auf akustische Markenelemente, welche den Einsatz von Musikgenres im Auswahl- bzw. Erstellungsprozess zulassen, wie beispielsweise der Brand und Commercial Song.

1.2.3 Musikgenres

Das Genre ist nach wie vor die beliebteste Art der Klassifizierung, um Stilrichtungen innerhalb der Musik zu beschreiben und wird häufig zur Organisation von Bibliotheken und Online-Musiksammlungen verwendet (Eerola, 2011, S. 352). Diese Klassifikation basiert auf einer Vielzahl von Faktoren: neben den klanglichen Eigenschaften, wie der rhythmischen Struktur oder der instrumentalen Besetzung, umfassen Genres insbesondere auch kulturelle, geografische sowie historische Aspekte. Jedes Musikgenre ruft bestimmte Assoziationen und Stimmungen hervor. Da es keine natürlichen Taxonomien gibt, erweist sich eine präzise Abgrenzung schwierig. Vielmehr stellen Genres eine Bündelung bestimmter Merkmale dar, die eine grobe Zuordnung von Musikstücken ermöglichen. Daher gibt es objektiv betrachtet eine sehr große Anzahl an Genres – häufig wird von über 600, teils auch über 1000 ausgegangen (Crauwels et al., 2022). Einige können jedoch als Untergenre oder einem anderen Genre als sehr ähnlich angesehen werden – sogenannte „sibling genres". Die gröbste Strukturierung und oberste Ebene kann als „Supergenres" bezeichnet werden. Da viele Künstler versuchen, einen einzigartigen und unverwechselbaren Sound zu kreieren, kommt es jedoch fortwährend zu Fusionen oder Trennungen. Musikgenres können daher nie endgültig und allein Musik beschreiben, bieten jedoch eine grundlegende Orientierung und können den Entwicklungsprozess einer akustischen Klangwelt unterstützen.

Die Musicmap ist eine umfassende Internetplattform (Crauwels et al., 2022), welche die Entwicklung und Beziehung populärer Musikgenres darstellt. Sie ist das Ergebnis eines siebenjährigen Forschungsprojekts von Kwinten Crauwels, mit dem Ziel, ein ausgewogenes Verhältnis zwischen Verständlichkeit, Genauigkeit und Zugänglichkeit herzustellen. Die Genres werden entlang einer vertikalen Zeitachse visuell dargestellt und horizontal entsprechend den sogenannten Supergenres. Durch die Zusammenfassung ähnlicher Genres, farblicher Kodierung größerer Genregruppen (Supergenres) und der Einführung einer tieferen Schicht von weniger einflussreichen Subgenres, wird die Gesamtzahl von wahrscheinlich weit über 600 auf 234 reduziert. Die Supergenres umfassen schlussendlich eine Anzahl von 23. Diese Struktur ermöglicht eine einfache Orientierung und bietet dennoch eine umfassende Übersicht. Sie wird daher als Ausgangsbasis für die weitere Eingrenzung der Genres auf nur 12 Kategorien im empirischen Teil herangezogen.

Auf den nächsten Seiten erfolgt eine Betrachtung ausgewählter Supergenres hinsichtlich ihrer Herkunft, typischer Merkmale, Instrumentierung sowie teils assoziativer Elemente, da diese u. a. eine wesentliche Grundlage der empirischen Untersuchung darstellen.

Unter der klassischen Musik wird üblicherweise die ursprünglich europäische Kunstmusik des 18. und 19. Jahrhunderts verstanden und umfasst heute ein breites Spektrum, das von Opern und Sinfonieorchestern bis hin zu Solokonzerten und der Filmmusik reicht (Ainsley et al., 2016, S. 37–43; Kah, 2019b). Charakteristisch für die klassische Musik sind ihre einprägsam komponierten Melodien, die formale Struktur, präzise Notation sowie der Einsatz klassischer Orchesterinstrumente wie Streicher und Bläser. Die hohen technischen Anforderungen an die Interpreten sowie die teils kontrastreichen Kompositionen können mitunter als Grund dafür gesehen werden, dass die klassische Musik oft als anspruchsvoll, intellektuell und seriös wahrgenommen wird (Audiocrowd, 2024e; Kah, 2019b).

Das Genre Heavy Metal entstand Anfang der 1970er-Jahre und ist von einer schweren, metallischen Klangästhetik geprägt (Bielefeldt & Pendzich, 2012,

S. 46). Charakteristisch für diesen Musikstil sind insbesondere die kraftvolle Instrumentierung sowie der energiegeladene Gesangsstil (Grow, 2021, S. 8). Schlagzeug, E-Bass, Keyboard, Gitarre und schwierige Gesangstechniken vertreten das Genre musikalisch (Weiser, 2023). Die häufig verzerrt und aggressiv wirkenden Gitarrenriffs vermitteln u. a. durch dissonante Intervalle ein Gefühl der Unruhe (Crauwels et al., 2022). Noch wichtiger als im Rock bilden sie das Fundament, auf dem viele Metal-Songs aufgebaut sind. Thematisch umfasst die stereotypische Metal-Kunst den Tod, Gewalt, Zerstörung und andere dunkle Themen, die sich in den Texten sowie teils visuellen Darstellungen widerspiegeln (Weiser, 2023). Metal ist besonders bekannt für seine theatralischen Inszenierungen und seine dunklen Ideologien (Crauwels et al., 2022).

Rockmusik entwickelte sich u. a. aus den Genres Rhythm-and-Blues, Jazz, Country- und Westernmusik sowie Gospel und hat seinen Ursprung in den USA (Fifka, 2019, S. 18; Musikzentrale Nürnberg, 2024). Ähnlich wie im Metal, doch moderater, zeichnet sich die Musik durch ihre kraftvolle Instrumentierung und energiegeladenen Gesangsstile aus, oft begleitet von verzerrten Gitarren und mitreißenden Rhythmen (Audiocrowd, 2024i). Die typische Besetzung umfasst den Leadsänger, die Lead- und Rhythmusgitarre, Schlagzeug und Bass (Crauwels et al., 2022). Der Rock ist geprägt von Tempo und Energie und wurde anfangs häufig mit dem Begriff der „Rebellion“ in Verbindung gebracht.

Punk ist ein Musikstil, der auf rebellische Art seine Fans begeistert. Dieser entwickelte sich u. a. als kraftvolle Gegenreaktion auf die Kommerzialisierung der Rockmusik (Audiocrowd, 2024 g). Musikalisch zeichnet sich das Genre durch kurze, kraftvolle Riffs und energetische, minimalistische Songs aus, die oft ein schnelleres Tempo als andere Rockgenres aufweisen (Crauwels et al., 2022). Die Akkorde sind einfach, dennoch dynamische (Audiocrowd, 2024 g). Durch dessen Texte hat sich der Punk zu einem Sprachrohr für soziale Missstände und politische Unzufriedenheit entwickelt und findet in der rebellischen Energie seiner Musik eine Möglichkeit, diese Botschaften laut und deutlich zu verbreiten.

Der Begriff „Pop“, eine Abkürzung für populäre Musik, prägte erstmals in den 1950er-Jahren die Musiklandschaft (Crauwels et al., 2022). Obwohl unter dem Begriff anfangs eher eine Sammlung beliebter Songs verstanden wurde, hat sich daraus über die Jahre eine eigenständige Stilrichtung entwickelt. Musikalisch zeichnet sich das Genre durch eingängige, massentaugliche Melodien, einfache Songstrukturen und leicht verständliche Texte aus. Der Musikstil ist darauf ausgerichtet, die Aufmerksamkeit schnell zu erregen und zielt über Medien wie Radio, Fernsehen oder Online-Streaming darauf ab, ein größtmögliches Publikum zu erreichen (Audiocrowd, 2024f). Textlich behandeln Pop-Songs oftmals Themen wie Freude, Beziehungen, Liebe und Herzschmerz.

Die Country-Musik, deren Ursprünge in den 1920er-Jahren in den ländlichen Gebieten der Vereinigten Staaten liegen, gilt bis heute als eines der meistverkauften Genres in den USA (Crauwels et al., 2022; Sirotzki, 2023). Geschichten aus dem alltäglichen Leben und Themen wie Liebe, Herzschmerz, Heimat (Patriotismus) und die Verbindung zur Natur werden durch einen klaren und ausdrucksvollen Gesangsstil vermittelt (Audiocrowd, 2024a). Oft geht es um das amerikanische Landleben sowie Traditionen und Werte ländlicher Gemeinden. Begleitet wird der Sänger oder das Duett durch eher einfache Melodien klassischer Instrumente wie Banjos, Fiddles, Gitarren und Mundharmonikas (Crauwels et al., 2022).

Rhythm'n'Blues, kurz R&B, vereint den rhythmischen Schwung des Gospels mit der emotionalen Tiefe des Blues und ist in den 40er-Jahren entstanden (Borch, 2022; Crauwels et al., 2022). Die musikalischen Eigenschaften zeichnen sich vor allem durch den „Backbeat", die Betonung des zweiten und vierten Schlags, aus und kann mitunter als Grund für die Tanzbarkeit in der Clubkultur gesehen werden (Crauwels et al., 2022). Die Instrumentierung umfasst typischerweise Gitarre, Bass und Schlagzeug, welche meist durch Geigen und Bläser ergänzt werden. Musikalisch kombiniert das Genre viele Elemente und verbindet dadurch verschiedene Supergenres wie Blues und Rock, Rap und Pop oder Gospel und House, was es zu einem sehr zugänglichen Genre macht.

Als Fusion afroamerikanischer Volksmusik und europäischer klassischer Unterhaltungsmusik entstand der Jazz um 1900 (Audiocrowd, 2024d; Crauwels et al., 2022). Instrumentell bilden Trompeten, Saxofone, Klarinetten, Posaunen, Kontrabass, Klavier, Schlagzeug und die Jazz-Gitarre das Herzstück eines Jazz-Ensembles (Crauwels et al., 2022). Während die Rhythmusgruppe (Bass, Schlagzeug, Klavier) für einen gleichmäßigen Beat während des gesamten Stücks sorgt, spielt die Melodiegruppe (Bläser) den Refrain sowie Soli. Im Gegensatz zu anderen Genres folgen Jazzmusiker keiner vollständig vorgegebenen Partitur, sondern lassen sich von den anderen Musikern des Ensembles inspirieren. Oft gibt es Akkorde und Melodien, die eine identifizierbare Grundlage für jedes Lied bilden, doch lebt der Jazz viel mehr von Improvisation und spontanem Experimentieren.

Reggae, ein Genre, das neben der reinen Musik insbesondere auch eine kulturelle Bewegung darstellt, entstand Ende der 1960er auf Jamaika (Bielefeldt & Pendzich, 2012, S. 36). Eine der markantesten Eigenschaften des Reggaes ist sein Rhythmus. Der durch den Offbeat entstehende, schwingende Groove sowie das recht langsame Tempo erzeugen eine entspannte Atmosphäre (Audiocrowd, 2024 h). Musikalisch vertreten ist das Genre meist durch ein Schlagzeug, Bass, E-Orgel bzw. Keyboard und Gesang (Geiger, 2023). Darüber hinaus sind die Texte dieses Genres oftmals von Botschaften wie Einheit und Frieden geprägt und inspirieren Menschen weltweit dazu, sich für soziale Gerechtigkeit und Freiheit einzusetzen (Audiocrowd, 2024 h).

Mit mehr Worten pro Song als jedes andere Genre, gilt der Rap/Hip-Hop als ein sehr einflussreiches und vielseitiges Musikgenre (Crauwels et al., 2022). Während Rap die Musik bzw. den Sprechgesang bezeichnet, wird der Begriff des Hip-Hops häufig für die gesamte Kultur, darunter auch „Breakdancing“ und die Kunst des Graffitis, verwendet (Boulaghmal & Polfuß, 2023, S. 9). Seinen Ursprung fand der Rap in den afroamerikanischen Gemeinschaften in New York City und bot auf sogenannten Blockpartys eine Plattform, um über Probleme wie Kriminalität und Drogen zu sprechen (Boulaghmal & Polfuß, 2023, S. 8; 13). Durch die tiefgründigen Texte und Beats werden die Herausforderungen und Erfolge des urbanen Lebens zum Ausdruck gebracht. Auf musikalischer Ebene sind insbesondere DJs (Diskjockeys) und MCs (Master of Ceremonies) von zentraler Bedeutung (Boulaghmal & Polfuß, 2023, S. 13). Während der MC bzw. Rapper den Song um einen Sprechgesang bereichert, besteht die Hauptaufgabe des DJs im sogenannten Sampling.

EDM, die Kurzform von „Electronic Dance Music“, entstand in den späten 1970ern und frühen 1980ern, als elektronische Musikproduktionstechnologien wie Drum Machines und Synthesizer auf den Markt kamen (Audiocrowd, 2024b). Dieses Musikgenre zeichnet sich vor allem durch die elektronischen, repetitiven Beats, Basslines und eine Vielfalt an Klangeffekten aus, die meist eine treibende sowie in einen tranceartigen Zustand versetzende Wirkung auf den Zuhörer haben. Typisch ist darüber hinaus der häufige 4/4-Takt (auch als „four-to-the-floor“-Rhythmus bezeichnet) sowie das recht schnelle Tempo (Crauwels et al., 2022). Zu den eingesetzten Instrumenten zählen u. a. Synthesizer, Sequencer, Drumcomputer, Sampler, Music Workstation und Musiksoftware (Kah, 2019a).

Ambient weist im Vergleich zu anderen Genres ein durchschnittlich niedrigeres Tempo auf und legt den Fokus auf Sounds und Klangexperimente, wobei weitgehend auf einen klar erkennbaren Rhythmus verzichtet wird (Audiocrowd, 2024c; Crauwels et al., 2022). Vielmehr entwickeln sich die elektronisch, durch Synthesizer oder Computer erzeugten Klänge wiederholend in sogenannten „Loops“. Ergänzt werden können diese durch „Field-Recordings“ wie Aufnahmen von natürlichen oder urbanen Orten sowie durch Instrumente wie Klavier, Trompete, Bass oder Gitarre (Schwering, 2018, S. 9). Aufgrund der entspannten Atmosphäre, welche meist durch diesen Musikstil erzeugt wird, findet Ambient-Musik häufig Anwendung in beispielsweise öffentlichen Warteräumen, wie Hotellobbys, Fahrstühlen oder als Hintergrundmusik in Cafés und Beauty-Salons (Schwering, 2018, S. 4).

Ergebnisse zur empirischen Studie „Archetypen und Musikgenres“ 2

2.1 Methodischer Ansatz

Ziel der empirischen Untersuchung ist es, zu analysieren, inwieweit sich mittels der Archetypen und Antiarchetypen des Modells von Pätzmann und Hartwig (2018) bestimmte Markeneigenschaften in spezifische Musikgenres übertragen lassen und somit für Teilbereiche der akustischen Markenführung herangezogen werden könnten. Dazu wurde ein Ansatz gewählt, der sowohl eine quantitative Erhebung als auch qualitative Experteninterviews umfasst. In einem ersten Schritt wurden Experten konsultiert, um die Auswahl der zu untersuchenden Musikgenres auf Basis der Musicmap von Crauwels et al. (2022) weiter einzugrenzen sowie repräsentative Musikstücke für die ausgewählten Genres zu identifizieren. Diese vorbereitenden Schritte dienten der Erstellung eines geschlossenen Fragebogens für die quantitative Onlineumfrage, welche anschließend über einen Zeitraum von elf Tagen durchgeführt wurde. Ziel dieser war es, zu untersuchen, inwieweit bestimmte Musikgenres spezifische (Anti-)Archetypen repräsentieren. Im Anschluss an die Umfrage erfolgte eine qualitative Befragung in Form von vier schriftlichen Experteninterviews. Diese dienten dazu, die Ergebnisse der quantitativen Untersuchung in einen praxisnahen Kontext innerhalb der akustischen Markenführung einzuordnen. Die Antworten der Experten wurden in Anlehnung an Mayring (2022) kategorisiert und ausgewertet.

Im Rahmen eines mehrstufigen Verfahrens wurde zunächst eine Auswahl der Musikgenres auf Basis der Supergenres der Musicmap von Crauwels et al. (2022) getroffen, die bereits vorgestellt wurde. Anschließend wurde diese Selektion unter Einbezug eines Experten weiter zusammengefasst, mit dem Ziel, eine für

J. U. Pätzmann, F. Arnold, *Akustische Markenführung mit Archetypen*, essentials, https://doi.org/10.1007/978-3-658-52144-8_2

Unternehmen und insbesondere Startups anwendbare Auswahl zu treffen. Da eine rein verbale Abfrage ganzer Musikgenres im Rahmen der Onlineumfrage ungeeignet gewesen wäre, um tatsächlich Assoziationen auszulösen, wurden zudem repräsentative Musikstücke je Genre ermittelt. Für eine unabhängige Einschätzung wurden hierfür zwei weitere Experten hinzugezogen. Ihnen wurde über die Plattform UmfrageOnline (2024) eine Vorauswahl von fünf Musikstücken je Genre präsentiert, welche sie weiter eingrenzten. Tab. 2.1 präsentiert eine Übersicht der selektierten Genres, der repräsentativen Musikstücke sowie deren Künstler.

Tab. 2.2 stellt eine Übersicht der Experten sowie ihre berufliche Tätigkeit dar, welche bezüglich der Musikgenres sowie der repräsentativen Musikstücke befragt wurden.

Tab. 2.1 Selektion der Musikgenres und repräsentativen Musikstücke (Quelle: Eigene Darstellung)

Musikgenre	Repräsentatives Musikstück	Künstler
Klassische Musik	Eine kleine Nachtmusik	Wolfgang Amadeus Mozart
(Heavy) Metal	Master of Puppets	Metallica
Rock	Born in the U.S.A	Bruce Springsteen
Punk	New Rose	The Damned
Pop	Shape of You	Ed Sheeran
Country	Corn	Blake Shelton
R&B	Crazy in Love	Beyoncé ft. JAY-Z
Jazz	New Orleans Stomp	Louis Armstrong
Reggae	One Love	Bob Marley & The Wailers
Rap/Hip-Hop	In Da Club	50 Cent
EDM	The Dance	Derrick May
Ambient	Says	Nils Frahm

Tab. 2.2 Übersicht der Experten A – C (Quelle: Eigene Darstellung, 2024, n = 3)

Experte	Berufliche Tätigkeit	Datum
Experte A	Musikproduzent und Komponist für Filmmusik	23.04.2024
Experte B	Musiklehrer und Chorleiter	03.05.2024
Experte C	Pianist, Chorleiter, Seminarleiter Jazz- und Pop-Piano	12.05.2024

2.2 Musikgenres, Songs und Archetypen

Die quantitative Umfrage wurde durchgeführt, um Erkenntnisse darüber zu gewinnen, ob die 14 Archetypen und 14 Antiarchetypen des Modells von Pätzmann und Hartwig (2018) in den zwölf ausgewählten Musikgenres größtenteils einheitlich erkannt werden und somit durch diese repräsentiert werden können. Die Umfrage wurde mittels des Programms UmfrageOnline (2024) erstellt und den Teilnehmern vom 15.05.2024 bis zum 26.05.2024 zur Verfügung gestellt.

Die quantitative Untersuchung umfasste eine Gesamtteilnehmerzahl von 409. Während die erste Umfrage von 203 Personen abgeschlossen wurde, verzeichnete die zweite 206 beendete Teilnahmen. Die Ergebnisse wurden anschließend in ein gemeinsames Ranking gebracht. In Tab. 2.3 werden je Musikgenre die drei am häufigsten gewählten (Anti-)Archetypen dargestellt.

Tab. 2.3 Top drei (Anti-)Archetypen je Musikgenre bzw. Musikstück (Quelle: Eigene Erhebung und Darstellung, Online-Umfrage, 2024, Mehrfachnennungen, n = 203; 206)

Musikgenre	Repräsentatives Musikstück	(Anti-)Archetyp	% (n = 203)	% (n = 206)
Klassische Musik	Eine kleine Nachtmusik	Schönheit	52,71 %	
		Amazone	47,29 %	
		Entdecker	40,39 %	
(Heavy) Metal	Master of Puppets	Zerstörer	82,76 %	
		Rebell		77,67 %
		Rächer	52,22 %	
Rock	Born in the U.S.A.	Entdecker	64,53 %	
		Anführer		61,65 %
		Held		47,09 %
Punk	New Rose	Rebell		68,93 %
		Aussätziger	44,33 %	
		Psychopath		36,89 %
Pop	Shape of You	Frohnatur		61,17 %
		Freund	59,11 %	
		Mutter Erde/ Künstler		33,98 %
Country	Corn	Frohnatur		74,76 %
		Freund	69,95 %	
		Mutter Erde		64,08 %

(Fortsetzung)

Tab. 2.3 (Fortsetzung)

Musikgenre	Repräsentatives Musikstück	(Anti-)Archetyp	% (n = 203)	% (n = 206)
R&B	Crazy in Love	Diva		61,65 %
		Amazone	58,13 %	
		Femme Fatale	54,68 %	
Jazz	New Orleans Stomp	Künstler		57,28 %
		Schönheit	46,80 %	
		Engel	35,47 %	
Reggae	One Love	Frohnatur		70,39 %
		Mutter Erde		67,48 %
		Freund	60,59 %	
Rap/Hip-Hop	In Da Club	Rebell		46,60 %
		Anführer		39,32 %
		Rächer	37,93 %	
EDM (Electronic Dance Music)	The Dance	Künstler		37,38 %
		Entdecker	36,45 %	
		Genie		26,70 %
Ambient	Says	Engel	64,53 %	
		Mutter Erde		49,51 %
		Opfer		46,12 %

Folgend werden die Ergebnisse bezüglich der drei meistgenannten Archetypen je Genre erläutert und interpretiert. Die Wahrnehmung von Musik und insbesondere ganzer Genres, erfolgt häufig nicht nur auf rein musikalischer Ebene. Über diese hinaus werden auch kulturelle und psychologische Assoziationen ausgelöst, welche letztendlich im Kontext der akustischen Markenführung strategisch adressiert werden sollten. Die folgende Interpretation fokussiert sich deshalb in erster Linie auf diesen Aspekt.

2.2.1 Klassische Musik

Im Rahmen der quantitativen Umfrage wurde den Teilnehmern „Eine kleine Nachtmusik" von Wolfgang Amadeus Mozart stellvertretend für die klassische Musik präsentiert. Die Auswertung der Umfrage ergab, dass 52,71 % der Befragten das Genre bzw. Musikstück mit der Schönheit assoziieren, während 47,29 % die Amazone und 40,39 % den Entdecker damit verbinden. Der Archetyp der Schönheit wird als sinnlich, leidenschaftlich, begehrenswert und glamourös beschrieben

(Pätzmann & Hartwig, 2018, S. 15). Diese Merkmale lassen sich in der klassischen Musik wiedererkennen, welche u. a. häufig in emotional bewegenden sowie sinnlichen Filmszenen eingesetzt werden. Des Weiteren gilt die Schönheit als attraktiv und geheimnisvoll. Die oft komplexen Melodien und harmonischen Strukturen der klassischen Musik, können eine besondere Faszination auf den Rezipienten ausüben (Kah, 2019b). Ebenso fasziniert die Schönheit ihr Umfeld und zieht es in ihren Bann (Pätzmann & Hartwig, 2018, S. 15). Heutzutage findet die Präsentation klassischer Musik zumeist im Rahmen großer Konzerte oder Opern statt. Der damit verbundene Dresscode könnte zudem die glamourösen Assoziationen begründen. Der zweite Archetyp, die Amazone, steht für einen selbstbestimmten, emanzipierten, starken und unabhängigen Charakter (Pätzmann & Hartwig, 2018, S. 22–23). Die Dynamik und teilweise kontrastreiche Gestaltung vieler klassischer Kompositionen, so auch die Werke der Wiener Klassik, spiegeln die gesellschaftliche Aufklärung wider, die eng mit der Emanzipation und dem Streben nach Autonomie verbunden sind (Klassik Radio, 2024). Obwohl „Eine kleine Nachtmusik" eher als eine fröhlichere, leichtere Unterhaltungsmusik kategorisiert wird, lassen sich dennoch auch in diesem Musikstück dynamische Abschnitte identifizieren (Ainsley et al., 2016, S. 154). An dritter Stelle des Rankings befindet sich der Archetyp des Entdeckers. Er steht für Neugier, Sehnsucht und Abenteuerlust (Pätzmann & Hartwig, 2018, S. 17–18). Die abwechslungsreiche musikalische Struktur des Werkes „Eine kleine Nachtmusik" sowie zahlreicher weiterer klassischer Stücke, lassen auf die Neugier und den Drang zur Erkundung schließen.

2.2.2 (Heavy) Metal

Werden die Ergebnisse des Heavy Metal einer näheren Betrachtung unterzogen, so zeigt sich, dass die drei Antiarchetypen Zerstörer, Rebell und Rächer signifikant mit dem Genre assoziiert werden. Der Titel „Master of Puppets" von Metallica stand repräsentativ für das Genre und führte zu folgenden Ergebnissen: 82,76 % der Befragten assoziieren mit dem Genre den Zerstörer, 77,67 % den Rebellen und 52,22 % den Rächer. Der Zerstörer zeichnet sich charakteristisch durch seine Boshaftigkeit, Aggressivität und seinen Hass aus und zielt darauf ab, Schrecken und Furcht zu verbreiten (Pätzmann & Hartwig, 2018, S. 43). Diese Aspekte spiegeln sich häufig in den klanglichen Elementen wie dem energiegeladenen Gesangsstil sowie den typischen Riffs wider, welche eine aggressive, verzerrte Stimmung erzeugen (Grow, 2021, S. 8). Der Rebell ist insbesondere durch eine oppositionelle Haltung gegenüber Autoritäten geprägt und gilt als querdenkerisch und gesetzlos (Pätzmann & Hartwig, 2018, S. 41). Diese Merkmale lassen sich auf die Geschichte des Heavy Metal zurückführen, der in den 1970er-Jahren als Gegenbewegung zur Hippie-Bewegung entstand (Winkler, 2007). Darüber hinaus thematisieren einige Lieder des Genres die Zerstörung, Rebellion und Gewalt (Weiser, 2023). Die Intention, Gerechtigkeit durch persönliche Maßnahmen zu erreichen, lässt sich als eine deutliche Referenz zum Antiarchetyp des Rächers interpretieren. Dieser gilt als verbittert, unversöhnlich sowie missgünstig und empfindet ein starkes Verlangen nach Vergeltung (Pätzmann & Hartwig, 2018, S. 37–38).

2.2.3 Rock

Zu den drei am häufigsten gewählten Archetypen für das Genre Rock, repräsentiert durch „Born in the U.S.A.“ von Bruce Springsteen, gehören der Entdecker, der Anführer sowie der Held. Der Entdecker, welcher von 64,53 % der Befragten mit Rock assoziiert wurde, zeichnet sich durch seine Sehnsucht, Neugierde und Euphorie aus (Pätzmann & Hartwig, 2018, S. 17–18). Dies lässt sich mit dem in der Rockmusik häufig thematisierten Freiheitsdrang begründen. Zudem strebt der Entdecker nach neuen Abenteuern und Erfahrungen und lehnt ein monotones Leben ab. Der Anführer, den 61,65 % der Befragten Rock zuordnen, gilt als wegweisend, durchsetzungsfähig und selbstsicher (Pätzmann & Hartwig, 2018, S. 21–22). Er wird als Alpha-Tier beschrieben, das Verantwortung übernimmt und oft im Mittelpunkt steht. Musikalisch betrachtet, steht die Rockmusik häufig für Tempo und Energie, welche sich insbesondere durch einen treibenden und mitreißenden Charakter auszeichnet (Audiocrowd, 2024i; Crauwels et al., 2022). Daher liegt das Motto des Anführers nahe: „Folgt mir, ich weiß, wo es lang geht“ (Pätzmann & Hartwig, 2018, S. 21). Zudem sei erwähnt, dass Bruce Springsteen, als eine Ikone der Rockmusik, selbst oft als „The Boss“ bezeichnet wird (Frith, 2007, S. 247). Schließlich wird der Held an dritthäufigster Stelle von 47,09 % der Befragten mit Rock in Verbindung gebracht. Er definiert sich durch Mut, Entschlossenheit und Selbstlosigkeit (Pätzmann & Hartwig, 2018, S. 25–26). Der Held opfert sich für das Wohl anderer auf und kämpft für die Gerechtigkeit. Rockmusik, die häufig auch gesellschaftliche Missstände thematisiert, bietet eine Grundlage, durch welche das Heldentum musikalisch zum Ausdruck gebracht werden kann. Bruce Springsteen erzählt in dem Song „Born in the U.S.A.“ beispielsweise von einem Vietnamveteranen, der von der Gesellschaft im Stich gelassen wird (Rock Antenne, 2024). Zudem ist Rock ein äußerst vielseitiges Genre, das eine Vielzahl an Subgenres umfasst (Crauwels et al., 2022). Ebenso lässt sich der Held nicht nur einem motivationalen Verstärker zuordnen, sondern vereint alle drei (Autonomie,

Sicherheit, Erregung) in seinen Charakterzügen (Pätzmann & Hartwig, 2018, S. 25). Bemerkenswert ist, dass das Genre Rock, trotz seiner teils musikalischen Nähe zu Metal und Punk – beispielsweise hinsichtlich der markanten Riffs – sehr stark mit positiven archetypischen Eigenschaften in Verbindung gebracht wird.

2.2.4 Punk

Die Resultate für den Punk zeigen hingegen eine deutlich negativere Wahrnehmung hinsichtlich der Eigenschaften. Konkret identifizierten 68,93 % der Befragten den Rebellen, 44,33 % den Aussätzigen und 36,89 % den Psychopathen in diesem Genre bzw. dem repräsentativen Musikstück „New Rose“ von The Damned. Der Rebell, charakterisiert durch seine anarchische, querdenkerische, gesetzlose und provokative Persönlichkeit, entspricht durchaus den Grundprinzipien des Punks (Pätzmann & Hartwig, 2018, S. 41). Das Genre entwickelte sich als musikalische und kulturelle Bewegung, die sich explizit gegen etablierte Normen und Autoritäten richtet (Galenza, 2005, S. 97). Gesellschaftliche Konventionen werden abgelehnt und stattdessen der Individualismus und die Unabhängigkeit sowie „Do-It-Yourself“-Einstellung in den Vordergrund gestellt (Laut AG, 2024b). Diese Haltung ist eng mit dem Antiarchetyp Rebell verbunden, der sich durch die Ablehnung von Regeln und Autoritäten sowie durch sein provokatives und konfliktfreudiges Verhalten auszeichnet (Pätzmann & Hartwig, 2018, S. 41–42). Musikalisch wird dies zudem durch die kurzen, kraftvollen und energiegeladenen Musikstücke zum Ausdruck gebracht, welche häufig von einfachen Akkorden und Riffs geprägt sind (Crauwels et al., 2022). Der Aussätzige, beschrieben als pessimistisch, verachtet und andersartig, bringt eine weitere Dimension des Punks zum Ausdruck (Pätzmann & Hartwig, 2018, S. 35). Die Anhänger des Punks werden häufig als Außenseiter der Gesellschaft betrachtet, die sich durch ihren einzigartigen Stil und ihre Ablehnung gesellschaftlicher Normen auszeichnen (Laut AG, 2024b). Dies kann in einer willentlichen Selbstisolation resultieren, wie dies beim Aussätzigen der Fall ist (Pätzmann & Hartwig, 2018, S. 35). Die Gedanken der Punks sowie der von ihnen geprägte Musikstil sind für einen Großteil der Gesellschaft oft nur schwer nachvollziehbar. Daher haben sie, wie der Musikstil an sich, häufig mit Vorurteilen zu kämpfen. So kann die Zuschreibung des Psychopathen, der als wahnsinnig, sadistisch und empathielos gilt, begründet werden (Pätzmann & Hartwig, 2018, S. 32). Zudem kann der energiegeladene Gesangsstil der Grund für die Zuordnung sein.

2.2.5 Pop

Das Genre Pop wurde durch den Song „Shape of You“ von Ed Sheeran repräsentiert und ergab folgende Ergebnisse: 61,17 % der Befragten ordneten den Archetyp Frohnatur zu, 59,11 % den Freund, 33,98 % die Mutter Erde und ebenso viele den Künstler. Daraus resultieren zwei dritte Plätze innerhalb des Rankings. Die Frohnatur kann als robust, humorvoll, zuversichtlich, lebensfroh, unbeschwert und positiv beschrieben werden. (Pätzmann & Hartwig, 2018, S. 16). Die hohe Zuordnungsrate dieses Archetyps durch die Befragten lässt sich auf die positive Stimmung und optimistische Grundhaltung zurückführen, die das repräsentative Musikstück als auch die Popmusik allgemein häufig vermittelt. Die Popmusik ist für ihre eingängigen Melodien und fröhlichen, tanzbaren Rhythmen bekannt, die bei den Rezipienten häufig ein Gefühl von Unbeschwertheit und Lebensfreude auslösen (Laut AG, 2024a). Allerdings ist Popmusik nicht ausschließlich positiv konnotiert. Auch Herzschmerz wird innerhalb des Genres hin und wieder thematisiert und mittels der Lieder verarbeitet (Audiocrowd, 2024f). Die Frohnatur bewahrt auch in schwierigen Zeiten ihren Optimismus und ist in der Lage, aus scheinbar unlösbaren Aufgaben das Beste herauszuholen (Pätzmann & Hartwig, 2018, S. 17). Der Archetyp des Freundes, welcher sich durch seine Hilfsbereitschaft, Zuverlässigkeit und Ehrlichkeit auszeichnet, steht an zweiter Stelle des Rankings. Zahlreiche Popsongs erzählen von Liebe, Freundschaft und Zusammenhalt, worin sich der Archetyp des Freundes widerspiegelt. „Shape of You“ beginnt inhaltlich mit einer Szene, in der eine Person gemeinsam mit Freunden in einer Bar sitzt, in der diese eine Frau kennenlernt. An dritter Stelle ist die Mutter Erde zu nennen. Sie zeichnet sich durch ihre respektvolle, friedliebende, kommunikative, aber auch naturverbundene und wertschätzende Art aus (Pätzmann & Hartwig, 2018, S. 11). Die Assoziation der Naturverbundenheit mag überraschend klingen und rückt bei der Zuordnung vermutlich in den Hintergrund. Doch von wesentlicher Bedeutung scheint an dieser Stelle ihr friedliebender, kommunikativer Charakter zu sein. Die Mutter Erde strebt danach, „im Einklang mit allen“ zu sein und gilt als Vermittlerin zwischen unterschiedlichen Parteien. Das Pop-Genre selbst entstand anfangs aus einer Sammlung verschiedener Musikstile und gilt heute als dasjenige, welches in der Gesellschaft am meisten Anklang findet und damit einen gemeinsamen Nenner zwischen verschiedenen Musikgeschmäckern darstellt (Crauwels et al., 2022). Zudem ist die Popmusik aufgrund ihrer Massen- und Medientauglichkeit in der Lage, ein weltweites Publikum zu erreichen sowie kulturelle Barrieren zu überwinden (Audiocrowd, 2024f). Ebenso häufig wie die Mutter Erde wurde der Archetyp des Künstlers durch die Befragten zugeordnet. Er gilt als einzigartig, kreativ und tolerant (Pätzmann & Hartwig, 2018, S. 14–15). Die Zuordnung dieses Archetyps könnte sich auf die kreativen Ausdrucksformen und teils außergewöhnlichen Darstellungen der Popsänger beziehen.

2.2.6 Country

Die Ergebnisse zum Musikgenre Country bzw. dem repräsentativen Musikstück „Corn“ von Blake Shelton zeigen, dass dieses von 74,76 % der Befragten mit dem Archetyp der Frohnatur, von 69,95 % mit dem Freund und von 64,08 % mit der Mutter Erde assoziiert wird. Die Frohnatur ist, wie bereits beschrieben, von ihrer Robustheit, Lebensfreude und ihrem unerschütterlichen Optimismus geprägt (Pätzmann & Hartwig, 2018, S. 16–17). In der Countrymusik spiegelt sich die Frohnatur in zahlreichen Texten wider, welche oft in Form eines „erzählerischen“ Gesangsstils von den alltäglichen Herausforderungen des amerikanischen Landlebens sowie der harten Arbeit handeln und dennoch die Freude an den einfachen Dingen des Lebens zum Ausdruck bringen (Audiocrowd, 2024a). Diese Themen stehen in engem Zusammenhang mit der Frohnatur, die das Leben als Geschenk betrachtet und stets zuversichtlich in die Zukunft blickt (Pätzmann & Hartwig, 2018, S. 17). Insbesondere das repräsentative Musikstück „Corn“ strahlt eine gewisse Lebensfreude aus. Der Archetyp Freund gilt als hilfsbereit, zuverlässig, ehrlich und loyal (Pätzmann & Hartwig, 2018, S. 10). Country-Musik thematisiert neben dem alltäglichen Landleben häufig auch zwischenmenschliche Beziehungen und Werte wie Ehrlichkeit (Kissel, 2024). Die erste Szene des Liedes „Corn“ handelt beispielsweise direkt von einer Freundesgruppe und erzählt von der ersten Jugendliebe. Die Mutter Erde symbolisiert schließlich eine tiefe Verbindung zur Natur sowie dem Streben nach Harmonie und Respekt gegenüber allen Lebewesen (Pätzmann & Hartwig, 2018, S. 11). Die Country-Musik, insbesondere in ihrer traditionellen Form, weist, wie bereits erwähnt, starke Bezüge zu agrarischen Gemeinden auf. Die Zuordnung dieses Archetyps lässt sich daher auf den nahen Bezug und die Wertschätzung des natürlichen, ländlichen Lebens zurückführen. Schon der Titel des repräsentativen Musikstücks spricht hierbei für sich.

2.2.7 R&B

Die Diva, die Amazone und die Femme Fatale gehören zu den Top drei (Anti-) Archetypen, die dem Musikgenre R&B zugeordnet werden. Für dieses Genre stand der Song „Crazy in Love“ von Beyoncé ft. JAY-Z repräsentativ. Der Antiarchetyp der Diva, der von 61,65 % der Befragten dem Genre R&B zugeordnet wurde, ist selbstverliebt, überheblich und gilt als arrogant und angeberisch (Pätzmann & Hartwig, 2018, S. 29). Diese Eigenschaften finden sich häufig in der Darstellung von R&B-Künstlern und -Songs wieder. Beyoncé verkörpert beispielsweise in zahlreichen ihrer Musikvideos eine selbstbewusste, glamouröse und dominante Persönlichkeit, die ihr Aussehen und ihre Fähigkeiten in den Mittelpunkt stellt. Diese inszenierte Selbstdarstellung lässt sich auch in den Charakterzügen der Diva wiederfinden. Sie ist der Überzeugung, aufgrund ihrer Fähigkeiten und Schönheit sämtliche Ziele in ihrem Leben erreichen zu können (Pätzmann & Hartwig, 2018, S. 30). Die Amazone wird darüber hinaus von 58,13 % der Befragten mit R&B assoziiert und symbolisiert Selbstbestimmung, Emanzipation und Stärke (Pätzmann & Hartwig, 2018, S. 22–23). Beyoncé, als prominente Vertreterin des Genres, ist insbesondere für ihre emanzipierten Botschaften bekannt und gilt als Feministin, wodurch sie den Archetyp der Amazone repräsentiert (Pointer, 2015, S. 346). An dritter Stelle des Rankings lässt sich die Femme Fatale einordnen, welche von 54,68 % der Befragten mit R&B in Verbindung gebracht wird. Sie gilt als unwiderstehlich, manipulativ, verführerisch und repräsentiert die verführerischen Elemente des R&B (Pätzmann & Hartwig, 2018, S. 33). Verführung und Leidenschaft sind insbesondere auch in dem Song „Crazy in Love" vertretene Themen, welche die Femme Fatale charakterisieren. Die Geschichten von Liebe, Verrat und emotionalen Höhen und Tiefen vieler R&B-Songs können darüber hinaus als Begründung für die Zuordnung des Archetyps herangezogen werden. Bemerkenswert ist, dass trotz eines weiblichen Archetypenanteils von nur rund 30 % im Modell von Pätzmann und Hartwig (2018) in diesem Fall die ersten drei Plätze von weiblichen Archetypen belegt werden. Die Zuordnung der (Anti-)Archetypen könnte sich hierbei auf die weibliche Sängerin des repräsentativen Musikstücks zurückführen lassen, lässt sich aber durchaus auch generell auf Themen beziehen, die häufig in R&B-Songs behandelt werden.

2.2.8 Jazz

In Bezug auf den Jazz lassen sich der Künstler, die Schönheit und der Engel, als die am häufigsten zugeordneten Archetypen identifizieren. Vertreten wurde das Genre in der quantitativen Umfrage durch das Musikstück „New Orleans Stomp" von Louis Armstrong. 57,28 % der Befragten assoziieren mit dem Genre den Archetyp des Künstlers, welcher sich durch seine Einzigartigkeit, Kreativität und seine tolerante Art auszeichnet (Pätzmann & Hartwig, 2018, S. 14). Jazz ist ein Genre, das für seine improvisatorische Freiheit und kreative Ausdrucksweise bekannt ist. Im

Vergleich zu anderen Genres, ermöglicht dieses den Jazzmusikern, ihre individuellen und spontanen Ideen zu präsentieren (Kissel, 2024). Ebenso lässt sich der Archetyp des Künstlers durch seine außergewöhnlichen Ideen und seine Andersartigkeit charakterisieren, wodurch sich die Ergebnisse begründen lassen (Pätzmann & Hartwig, 2018, S. 14–15). Ihm wird zudem ein freidenkender, schöpferischer Charakter zugeschrieben. 46,80 % der Befragten ordneten dem Jazz den Archetyp der Schönheit zu. Diese Verbindung mag zunächst weniger offensichtlich erscheinen, könnte jedoch durch die sinnliche, gefühlsbetonte und leidenschaftliche Natur des Jazz erklärt werden. Im Gegensatz zur klassischen Musik, dem Rock oder Blues, folgen Jazzmusiker oft keiner vollständig vorgegebenen Partitur (Crauwels et al., 2022). Vielmehr müssen sie „fühlen", was die anderen Musiker spielen und wie sich die Musik entwickelt. Des Weiteren ist Jazzmusik heutzutage häufig in Restaurants oder gehobenen Bars im Hintergrund zu hören und trägt damit möglicherweise zu den glamourösen und sinnlichen Assoziationen bei.

35,47 % der Befragten verbinden mit dem Genre schließlich den Engel. Er wird als unschuldig, empathisch und rein beschrieben und kann sich gut in andere Menschen hineinversetzen (Pätzmann & Hartwig, 2018, S. 12–13). Diese Eigenschaft ist für Jazzmusiker von essenzieller Bedeutung, da sie, wie bereits dargelegt, die Stimmung und Richtung des Liedes sowie die der Mitmusiker erkennen müssen, um entsprechend zu improvisieren.

2.2.9 Reggae

Reggae bzw. „One Love" von Bob Marley & The Wailers wird von den Befragten am häufigsten mit den Archetypen der Frohnatur, der Mutter Erde und des Freundes assoziiert. Die Frohnatur wurde von 70,39 % der Teilnehmer dem Reggae zugeordnet und zeichnet sich durch ihre robuste, humorvolle sowie zuversichtliche Persönlichkeit aus (Pätzmann & Hartwig, 2018, S. 16). Zahlreiche Texte des Reggaes sowie der typische, schwingende Groove vermitteln eine lebensfrohe und unbeschwerte Atmosphäre (Audiocrowd, 2024 h). Wie bereits zuvor erwähnt, bewahrt die Frohnatur auch in schwierigen Situationen ihren Optimismus (Pätzmann & Hartwig, 2018, S. 17). Lieder wie „One Love" ermutigen dazu, trotz widriger Umstände optimistisch und hoffnungsvoll zu bleiben. Des Weiteren verbinden 67,48 % der Teilnehmer den Archetyp der Mutter Erde mit dem Reggae. Sie verkörpert respektvolle, friedliebende, kommunikative und wertschätzende Eigenschaften (Pätzmann & Hartwig, 2018, S. 11). Die Texte von Bob Marley sowie die Reggae-Kultur im Allgemeinen betonen häufig die Harmonie zwischen verschiedenen Menschen sowie die Wichtigkeit des Friedens (Wünsch, 2024). Diese Vision lässt sich in den Prinzipien der Mutter Erde, die „im Einklang mit allen Lebewesen“ stehen möchte und sich als Vermittlerin verschiedener Parteien sieht, wiederfinden (Pätzmann & Hartwig, 2018, S. 11). Schließlich sehen 60,59 % der Befragten den Archetyp des Freundes im Reggae repräsentiert, der als hilfsbereit, zuverlässig und loyal gilt (Pätzmann & Hartwig, 2018, S. 10). Innerhalb der Reggae-Kultur wird oft ein starkes Gemeinschaftsgefühl und Solidarität betont. Lieder wie „One Love“ rufen zur Einheit und gegenseitigen Akzeptanz auf, was die zentralen Elemente des Freundes widerspiegelt. Er zeichnet sich durch eine hohe Verlässlichkeit aus, indem er seinen Mitmenschen jederzeit zur Seite steht.

2.2.10 Rap/Hip-Hop

Die Ergebnisse bezüglich des Rap/Hip-Hops ergaben, dass 46,60 % der Befragten den Rebellen, 39,32 % den Anführer und 37,93 % den Rächer dem Genre bzw. dem repräsentativen Musikstück „In Da Club“ von 50 Cent zuordnen. Der Rebell, gekennzeichnet durch seine anarchische, querdenkerische, gesetzlose und provokative Art, spiegelt sich in Texten und der Kultur des Rap/Hip-Hop wider (Pätzmann & Hartwig, 2018, S. 41). Das Genre hat seinen Ursprung in den Straßen New Yorks und wurde zu einer Stimme, die auf Probleme von Kriminalität und Drogen aufmerksam machte (Boulaghmal & Polfuß, 2023, S. 8;13). In den Texten des Raps lassen sich teilweise provokative und systemkritische Aussagen finden, wodurch sich die starke Assoziation mit dem Rebellen erklären lässt. Der Anführer, der an zweiter Stelle des Rankings steht, ist wegweisend, durchsetzungsfähig und selbstsicher und hat oft einen Rivalen, der ihn herausfordern möchte (Pätzmann & Hartwig, 2018, S. 21). Eine entsprechende Parallele lässt sich in den Rap-Battles finden. Auch Themen wie Erfolg und Überlegenheit sind in der Rap-Musik kein seltenes Thema. Das Image vieler Rapper ist von Statussymbolen wie Autos, Schmuck, Kleidung und Frauen geprägt (Kitter, 2020). In dem Song „In Da Club“ von 50 Cent wird ebenfalls der Aspekt des Erfolgs thematisiert und endet in einer gewissen Arroganz, da der Rapper Bewunderung und Respekt von anderen Personen aktiv einfordert. Ebenso ist auch der Anführer von seinem ausgeprägten Selbstbewusstsein und einem hohen Maß an Selbstsicherheit geprägt, die teilweise drohen in eine arrogante Art überzugehen (Pätzmann & Hartwig, 2018, S. 22). An dritter Stelle steht schließlich der Rächer. Er ist durch Unversöhnlichkeit und Rachsucht gekennzeichnet und strebt das Ziel an, Gerechtigkeit wiederherzustellen (Pätzmann & Hartwig, 2018, S. 37–38). Die Rap/Hip-Hop-Kultur ist oft ein Sprachrohr für diejenigen, die marginalisiert und ungerecht behandelt wurden (Boulaghma & Polfuß, 2023, S. 5). Die Musik bietet eine Plattform, um persönliche und kollektive Erfahrungen von Unrecht zu teilen und den Wunsch nach Gerechtigkeit zu thematisieren.

2.2.11 EDM

Dem Genre der Electronic Dance Music (EDM) bzw. dem gewählten Beispiel „The Dance" von Derrick May, wurden die Archetypen des Künstlers, Entdeckers und des Genies am häufigsten zugeordnet. Die Archetypen lassen sich in diesem Fall stark auf das gesamte Genre beziehen. Dieses wird von 37,38 % der Befragten mit dem Archetyp des Künstlers in Verbindung gebracht, der als einzigartig, kreativ und tolerant gilt (Pätzmann & Hartwig, 2018, S. 14). Das Resultat ist daher wenig überraschend, da EDM häufig auf kreative und einzigartige Weise zum Ausdruck gebracht wird, indem neue Klangwelten mit Hilfe von Synthesizern und Sampler-Technologien kreiert werden (Audiocrowd, 2024b). Des Weiteren gilt EDM aufgrund der Vielzahl an Ausprägungsformen wie beispielsweise Techno, House oder Trance als ein sehr vielfältiges Genre. Der Entdecker, der von 36,45 % der Befragten der EDM zugeordnet wurde, ist von einem explorativen und neugierigen Charakter geprägt (Pätzmann & Hartwig, 2018, S. 17–18). Einige Songs entwickeln sich erst langsam, wobei sich die Melodie und der Rhythmus erst allmählich aufbauen (Audiocrowd, 2024b). Die häufige Zuordnung dieses Archetyps lässt sich zudem möglicherweise darauf zurückführen, dass viele EDM-Musiker aufgrund der vielfältigen technischen Möglichkeiten, ständig auf der Suche nach neuen Klängen sind. Das Genie wurde schließlich von 26,70 % der Befragten mit der EDM assoziiert, welches durch seine intellektuelle, logische und analytische Denkweise charakterisiert ist (Pätzmann & Hartwig, 2018, S. 19). Die repetitiven, gleichmäßigen Rhythmen der Technomusik könnten eine Begründung für die Assoziation mit den analytischen, logischen Eigenschaften darstellen.

2.2.12 Ambient

Repräsentativ für das Genre Ambient wurde den Teilnehmern das Musikstück „Says" von Nils Frahm zur Verfügung gestellt. Dabei wurden am häufigsten die Archetypen Engel (64,53 %), Mutter Erde (49,51 %) und Opfer (46,12 %) durch die Befragten zugeordnet. Der Archetyp des Engels wird als unschuldig, empathisch und rein beschrieben (Pätzmann & Hartwig, 2018, S. 12). Diese Merkmale finden sich in der Ambient-Musik wieder, die häufig durch ihre ruhigen, harmonischen und sanften Klänge gekennzeichnet ist. Des Weiteren wird in der Regel auf einen durchgängigen Rhythmus verzichtet, wodurch sich vielmehr eine Art Klangteppich ergibt (Wulff, 2021). Das Ziel der Ambient-Musik ist es, eine beruhigende und friedliche Atmosphäre zu schaffen, in der sich der unschuldige und reine Charakter des Engels erkennen lässt. Er strebt danach, andere zu schützen und ihnen Gutes zu tun (Pätzmann & Hartwig, 2018, S. 13). Ambient-Musik weist oft ein durchschnittlich niedrigeres Tempo auf und trägt so zur Stressreduktion sowie einer entspannten Atmosphäre bei (Audiocrowd, 2024c; Crauwels et al., 2022). Die Mutter Erde wird als respektvoll, friedliebend und naturverbunden beschrieben (Pätzmann & Hartwig, 2018, S. 11). Ihr Bestreben ist es, sämtliche Formen des Leids zu vermeiden und ein Leben im Einklang mit allen Lebewesen zu führen. Ambient-Musik zeichnet sich häufig durch Loops aus, die sich meist organisch entwickeln und kann darüber hinaus Field-Recordings von Orten in der Natur oder der urbanen Umwelt enthalten (Audiocrowd, 2024c). Dadurch kann ein Gefühl der Ruhe und Wertschätzung vermittelt werden. Der Archetyp des Opfers wird als sensibel, einsam und melancholisch beschrieben (Pätzmann & Hartwig, 2018, S. 34). Über eine entspannte Atmosphäre hinaus, kann Ambient-Musik tiefe Emotionen auslösen und aufgrund des eher langsamen Tempos zu einer nachdenklichen, melancholischen Stimmung beitragen.

2.3 Einordnung in das archetypische Modell von Pätzmann & Hartwig

Unter der Annahme, dass die in den Genres identifizierten (Anti-)Archetypen umgekehrt durch Musikgenres zum Ausdruck gebracht werden können, lässt sich das archetypische Modell von Pätzmann & Hartwig (2018) um die Top drei Musikgenres je (Anti-)Archetyp erweitern. Eine mögliche Darstellung ist in Abb. 2.1 und Abb. 2.2 zu sehen. Die dargestellten Musikgenres haben sich durch ein Ranking der Prozentwerte ergeben. Zu berücksichtigen ist, dass diese jeweils den Anteil der Teilnehmer widerspiegeln, die sich innerhalb des Genres für einen bestimmten (Anti-)Archetyp entschieden haben. Die Genres sind in absteigender Reihenfolge von innen nach außen angeordnet. So bildet der innerste Ring das Genre ab, in dem der (Anti-)Archetyp am häufigsten erkannt wurde.

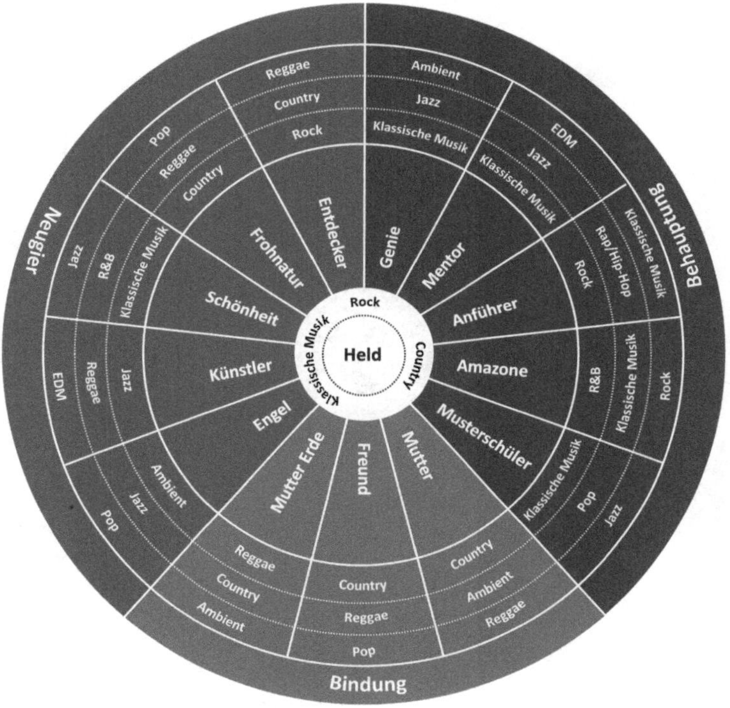

Abb. 2.1 Top drei Musikgenres im archetypischen Modell (Archetypen). (Quelle: In Anlehnung an Pätzmann & Hartwig, 2018, S. 8)

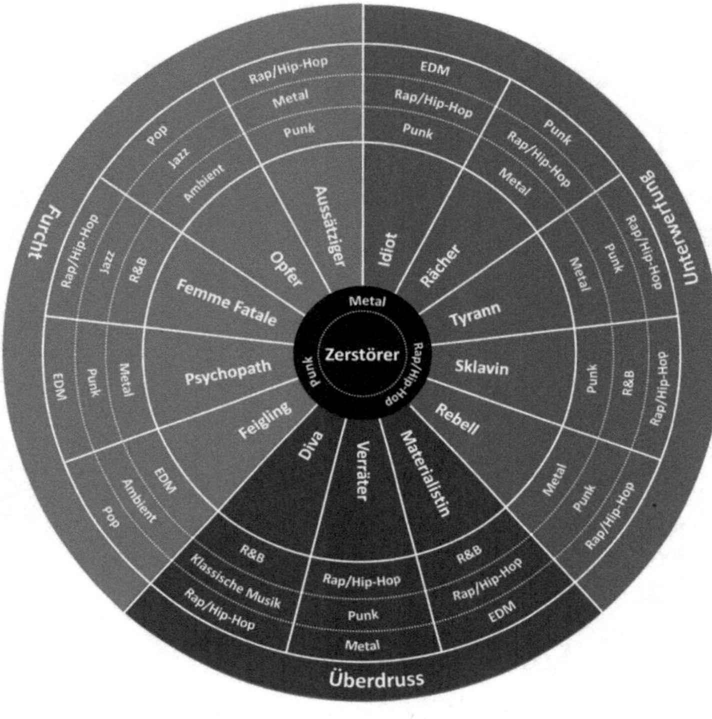

Abb. 2.2 Top drei Musikgenres im archetypischen Modell (Antiarchetypen). (Quelle: In Anlehnung an Pätzmann & Hartwig, 2018, S. 27)

2.4 Das archetypische Motivkraftfeld als Kompass

Archetypen und Antiarchetypen folgen bestimmten motivationalen Verstärkern und Barrieren (Pätzmann & Hartwig, 2018, S. 3). Um die Motivsysteme mit ihren positiven und negativen Motivausprägungen übersichtlich darzustellen, wurde in Anlehnung an die von Pätzmann eingeführte Motivlandkarte ein neues Modell, das sogenannte archetypische Motivkraftfeld entwickelt (Miller & Pätzmann, 2023; Pätzmann & Adamczyk, 2020; Pätzmann & Busch, 2019, S. 7; Pätzmann & Genrich, 2020).

Die drei Motivsysteme des Zürcher Modells der sozialen Motivation von Bischoff bilden den innersten Kreis des Kraftfeldes. Die positiven und negativen

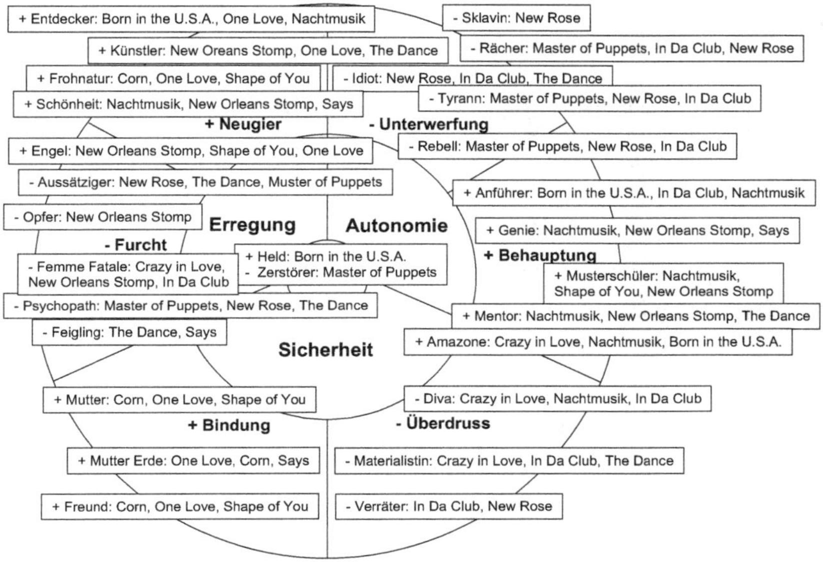

Legende: Erregung etc. = Grundlegendes Motivsystem; + Neugier etc. = Motivationaler Verstärker; - Überdruss etc. = Motivationale Barriere; + Mutter … etc. = Archetypen; - Materialist … etc. = Antiarchetypen

Abb. 2.3 Archetypisches Motivkraftfeld als Kompass für Songs. (Quelle: In Anlehnung an Pätzmann & Kübler, 2023, S. 17)

Ausprägungen des jeweiligen Motivsystems sind im äußeren Kreis abgebildet (Bischof, 1997, 2014).

Die Ausprägungen wurden mit dem Archetypen-Modell verknüpft und die Archetypen sowie die Antiarchetypen den motivationalen Verstärkern und Barrieren zugeordnet. Da Held und Zerstörer nicht nur einem spezifischen, sondern allen Motivsystemen zugeordnet werden können, nehmen sie auch in diesem Modell eine zentrale Rolle in der Mitte des Kraftfeldes ein (Pätzmann & Hartwig, 2018, S. 25).

In der Abb. 2.3 ist das Motivkraftfeld angepasst auf die Ergebnisse der empirischen Studie zu sehen, und zwar bezogen auf die einzelnen Songs, die repräsentativ für bestimmte Musikgenres stehen (Abschn. 2.2). Es kann somit, als Kompass benutzt werden, um Musikstücke zu finden, die zur archetypischen Markenpersönlichkeit einer Marke eines etablierten Unternehmens oder eines Startups passen (Pätzmann & Kübler, 2023, S. 171; Steinecke & Pätzmann, 2023, S. 141).

Konkrete Anwendung in der Praxis 3

3.1 Musikalische Kommunikationskette

Kaufentscheidungen werden zunehmend auf Basis der emotionalen Identifikation mit der Marke und immer weniger aufgrund der eigentlichen Produkteigenschaften getroffen (Lorenz et al., 2018, S. 23). Archetypen können Emotionen ansprechen und somit unbewusste Prozesse beim Rezipienten auslösen. Das archetypische Modell von Pätzmann und Hartwig (2018) wurde im Kontext des Markenmanagements und -aufbaus entwickelt und kann in vielfältiger Weise für grundlegende, strategische Entscheidungen in Bezug auf die Entwicklung und Gestaltung der Markenpersönlichkeit und -werte herangezogen werden. Indem Archetypen auf Marken bezogen werden, können diese beispielsweise mit konkreten Eigenschaften verknüpft und in Abgrenzung zu Wettbewerbsmarken positioniert werden (Kratzer et al., 2018, S. 14). Darüber hinaus können durch die Einbindung archetypischer Bilder in die Kommunikation einer Marke Sympathie und Vertrauen zu dieser aufgebaut werden (Gutjahr, 2019, S. 21). So können beispielsweise von Personas verschiedene Storytelling-Formate für Werbespots, bis hin zu ganzen Geschäftsmodellen, Produkten und Dienstleistungen auf Basis von Archetypen entwickelt werden (Pätzmann & Hartwig, 2018, S. 45–51).

Wird das archetypische Modell nun mit Musik(-genres) verknüpft, kann angenommen werden, dass sich das archetypische Modell auch als Grundlage für die akustische Markenführung eignet. Eine vereinfachte Darstellung der grundlegenden Überlegung ist in Abb. 3.1 ersichtlich.

Die grundlegende Überlegung beginnt mit der Analyse der Markenidentität, wobei spezifische Archetypen identifiziert und diesen bestimmte Musikgenres

J. U. Pätzmann, F. Arnold, *Akustische Markenführung mit Archetypen*, essentials, https://doi.org/10.1007/978-3-658-52144-8_3

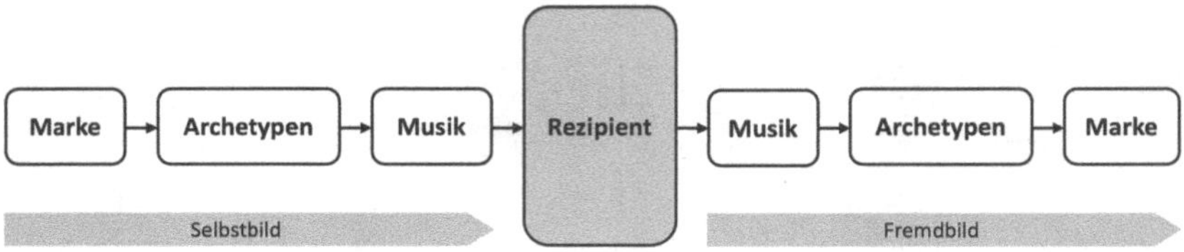

Abb. 3.1 Musikalische Kommunikationskette mittels Archetypen. (Quelle: Eigene Darstellung)

zugeordnet werden. Die Zuordnung ermöglicht eine Übersetzung der Markenidentität (Selbstbild) in Musik, welche die Archetypen repräsentiert und in der Markenkommunikation eingesetzt werden kann. Im Idealfall erkennt der Rezipient die archetypischen Eigenschaften in der Musik. Diese Wahrnehmung führt dazu, dass die Marke im Unterbewusstsein des Rezipienten mit bestimmten Eigenschaften assoziiert wird, welche schließlich das Markenimage (Fremdbild) formen.

3.2 Einsatzmöglichkeiten im Markenmix

Um Einsatzmöglichkeiten im Markenmix abzufragen, wurden weitere Experten gefragt, welche Anwendungsmöglichkeiten sie im Hinblick auf die quantitativen Ergebnisse in der akustischen Markenführung von Unternehmen sehen (siehe Tab. 3.1).

Hinsichtlich der quantitativen Ergebnisse sehen die Experten über den reinen Transfer bestimmter Markeneigenschaften in Musik, ein besonders großes Potenzial in der strategischen Gestaltung auditiver Brand Touch Points: von der In-Store-Musik über die musikalische Untermalung von Produktlaunches und Events bis hin zur Social-Media-Präsenz. Basierend auf den Ergebnissen könnten entsprechend den markenadäquaten Archetypen die Auswahl eines Musikgenres getroffen werden. Dadurch wird eine Grundlage für eine konsistente Gestaltung auditiver Markenkontaktpunkte geschaffen, die mit der Markenidentität im Einklang stehen. Zudem könnte durch das gezielte Auslösen von Emotionen und Assoziationen eine grundlegende emotionale Positionierung der Marke erreicht werden. Dies ist insbesondere für junge Marken von Bedeutung, die sich erst noch am Markt etablieren müssen und daher zunächst ein möglichst einheitliches, aber dennoch unverwechselbares Markenimage bei potenziellen Konsumenten anstreben sollten. Darüber hinaus sehen die Experten einen ersten Ansatzpunkt für die Konzeption

Tab. 3.1 Übersicht der Experten D – G (Quelle: Eigene Darstellung, 2024, n = 4)

Experte	Berufliche Tätigkeit	Datum
Experte D	Professor für Digitale Transformation und Entrepreneurship	28.06.2024
Experte E	Senior Expert New Marketing Experiences	28.06.2024
Experte F	Startup-Gründerin einer Investitionsapp	03.07.2024
Experte G	Senior Audio Designer	08.07.2024

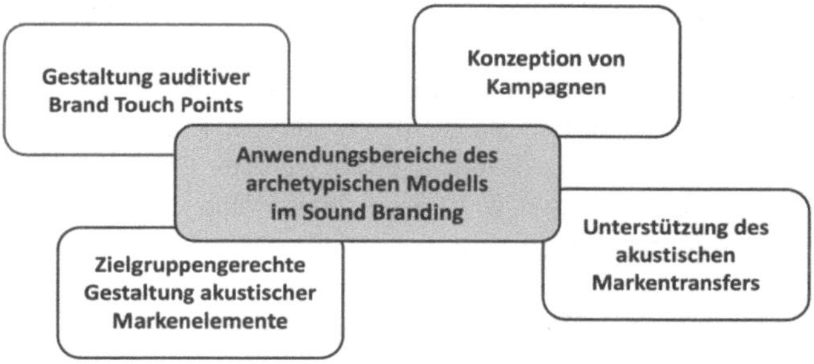

Abb. 3.2 Anwendungsbereiche des archetypischen Modells im Sound Branding. (Quelle: Eigene Darstellung basierend auf eigener Erhebung, 2024)

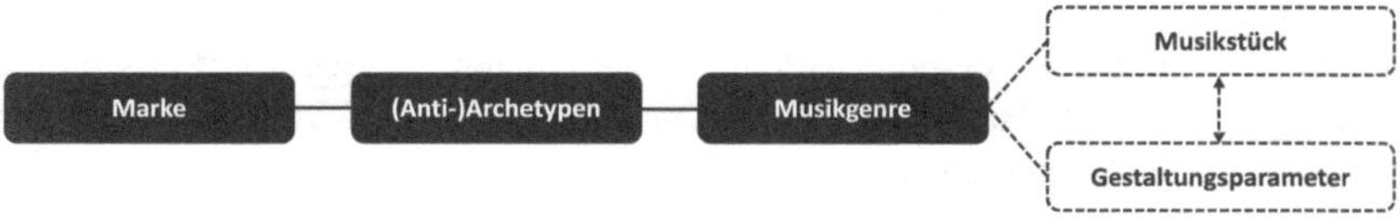

Abb. 3.3 Vereinfachter akustischer Transfer mit (Anti-)Archetypen. (Quelle: Eigene Darstellung)

ganzer Werbekampagnen – auch über diverse Kundenkontaktpunkte hinweg (Abb. 3.2). Nicht zuletzt werden die Ergebnisse als relevant für eine noch klarere Zielgruppenansprache gehalten. So könnten Musikgenres anhand der (Anti-) Archetypen ausgewählt werden, die die Zielgruppe gezielt ansprechen. Wie die Ergebnisse der Interviews zeigen, können durchaus diverse Anwendungsbereiche innerhalb der akustischen Markenführung und -kommunikation identifiziert werden.

Umgesetzt in einen vereinfachten akustischen Übersetzungsprozess mittels (Anti-)Archetypen könnte sich eine praktische Anwendung wie in Abb. 3.3 gezeigt darstellen.

3.3 Das erweiterte Fliegen-Modell

Eine weitere konkrete Anwendung in der Praxis ergibt sich durch die Integration von Geschäftsmodellen in ein durch Kundeneinsicht induziertes Markenkonzept. In diesem Essential soll sich nicht in das Feld der Geschäftsmodellinnovation vorgewagt werden, das Osterwalder, Schallmo und Gassmann et al. sehr gut erforscht haben (Gassmann et al., 2021; Osterwalder & Pigneur, 2011; Schallmo, 2013). Es ist aber notwendig, die Schnittstellen zwischen Geschäftsmodellen und Markenkonzepten genau zu definieren. Ein Manko ist zum Beispiel, dass die Ersteller von Geschäftsmodellen meist nicht von Anfang an die Marke mitdenken. Auch wird oft zu wenig Zeit auf die Formulierung eines fundierten Kundenverständnisses im Sinne eines systematisch und psychologisch abgeleiteten Tiefenverständnisses verwendet (Pätzmann & Adamczyk, 2020, S. 1). Dieses kann jedoch die Quelle, Inspiration und das Sprungbrett für ein innovatives Geschäftsmodell sein. Der Kern eines Markenkonzepts ist das Kundenverständnis, das sich auf die Geschäftsmodellkomponenten und die Markenkonzeptkomponenten bezieht (Pätzmann & Adamczyk, 2020, S. 44).

Osterwalder und Pigneur entwickelten die Business Model Canvas, die seitdem als Blaupause für viele Geschäftsmodelle dient und mehrfach weiterentwickelt und vereinfacht wurde (Osterwalder & Pigneur, 2011). Es besteht aus neun Bausteinen: Kundensegmente, Wertversprechen, Kanäle, Kundenbeziehungen, Einnahmequellen, wesentliche Ressourcen, Schlüsselaktivitäten, Schlüsselpartnerschaften und Kostenstruktur (Osterwalder & Pigneur, 2011, S. 20–21). Viele finden dies in der praktischen Anwendung zu kompliziert.

Schallmo hat das kompletteste Konzept für die Geschäftsmodellentwicklung vorgelegt (Schallmo, 2013). Sein sogenanntes Meta-Konzept besteht aus der Nutzen-Dimension, der Wertversprechen-Dimension, der ökonomischen Dimension, der Partner-Dimension, der Kunden-Dimension und verschiedenen Unterpunkten. Wer sich eingehend über Geschäftsmodelle und deren Entwicklung informieren möchte, ist mit ihm und seinem Klassiker „Geschäftsmodelle erfolgreich entwickeln und implementieren“ bestens bedient.

Gassmann, Frankenberger und Csik haben mit dem St. Galler Geschäftsmodellnavigator ein Konzept entwickelt, das sich in der Praxis sehr gut umsetzen lässt (Gassmann et al., 2021). Dem Buch liegen 55 Spielkarten bei, mit denen man bestehende Geschäftsmodelle schnell erweitern oder neue entwickeln kann (Gassmann, Frankenberger, & Choudury, 2018). Die Spielkarten funktionieren wie eine Benchmarking-Datenbank. Die Autoren stellen sich vier einfache Fragen, um ein Geschäftsmodell zu erstellen: 1. Was bieten wir den Kunden an? 2. Wer sind unsere

Zielkunden? 3. Wie schaffen wir das Wertversprechen? 4. Warum generiert das Geschäftsmodell Gewinn (Gassmann et al., 2021, S. 7)?

Fragen zur Beschreibung eines Geschäftsmodells (Gassmann et al., 2021, S. 185–186) wurden zur Einführung des sogenannten Fliegen-Modells verwendet, das Geschäftsmodelle (oder Geschäftsideen) und Markenkonzepte auf der Grundlage von Customer Insights zusammenführt, ohne die jeweiligen Ansätze zu verwässern (Pätzmann & Adamczyk, 2020, S. 45). Im Laufe der Zeit haben sich neue empirische Erkenntnisse ergeben, die sich z. B. auf die Multisensorik in der Markenführung beziehen, deshalb musste das Fliegen-Modell erweitert werden (Pätzmann & Kübler, 2023, S. 147–175; Steinecke & Pätzmann, 2023, S. 117–146). Ursprünglich sah das Modell aus wie eine gebundene Fliege, nun aus pragmatischen Gründen eher wie eine Tabelle. Der Name bleibt. Auch in Zukunft wird es sich auf Basis von neuen empirischen Befunden erweitern (Tab. 3.2).

Tab. 3.2 Erweitertes Fliegenmodell mit fiktivem Beispiel (Quelle: In Anlehnung an Pätzmann & Kübler, 2023, S. 172; Pätzmann & Adamczyk, 2020, S. 44)

Geschäftsmodell	Markenkonzept
Was bieten wir den Kunden an (Nutzenversprechen)?	**Welche Lücke füllen wir im Vergleich zum Wettbewerb und aus Sicht der Zielgruppe (Markenmonopol)?**
Mit der Business Intelligence Software (BIS) bieten wir Krankenhäusern kein Eigentum an, sondern garantierte Verfügbarkeit, und zwar 24/7.	Im Vergleich zu IBM die Sicherheit, dass keine teuren Anschaffungskosten entstehen. Durch diese kurzfristige Kostenreduktion werden dringende Investitionen für andere Bereiche des Krankenhauses freigesetzt.
Wer sind unsere Zielkunden (Kundensegmente)?	**Wie sieht unsere Schlüsselpersona aus (Zielgruppenprototyp)?**
1942 Krankenhäuser in Deutschland, 264 Krankenhäuser in Österreich und 281 Krankenhäuser in der Schweiz.	Lisa, 32, Buchhalterin, ambitioniert, zwei Kinder, alleinerziehend, muss effizient am Arbeitsplatz sein, darf sich keine Fehler erlauben, die Zeit kosten, weil sie ihre Kinder jeden Tag zur Schule bringen und wieder abholen muss.
Wie stellen wir die Leistung her (Wertschöpfungskette)?	**Welche Motive beschreiben unseren Archetyp (Markenpersönlichkeit)?**
In der Regel wird ein Rahmenvertrag abgeschlossen, der Ersatzsoftware, Wartungs- und Reparaturleistungen einschließt. Ein Rundum-sorglos-Paket wie unter Freunden wird geschnürt.	Freund = hilfsbereit, zuverlässig, ehrlich.

(Fortsetzung)

Tab. 3.2 (Fortsetzung)

Geschäftsmodell	Markenkonzept
Wie wird der Wert erzielt (Ertragsmechanik)?	**Wie können wir die Geschäftsidee, das Geschäftsmodell anfassbar machen (Markeninventar)?**
Wenn das Nutzenversprechen der garantierten Verfügbarkeit erfüllt wird, kann eine langfristige und vertrauensvolle Kundenbeziehung zu Krankenhäusern aufgebaut werden. Auch wird ein Rahmenvertrag langfristig teurer sein als ein Einmalkauf. Das bedeutet höhere Margen.	Name: Buddiebizz. Wie ein bester Kumpel gibt die Software Buddiebizz den Krankenhausmitarbeitern, die im Controlling mit Abrechnungen beschäftigt sind, die Sicherheit zurück, dass nichts schiefgehen kann. Farbe: Grün, blau, gelb Form: Kreis Musik: Country, z. B. Corn; Reggae, z. B. One Love; Pop, z. B. Shape of You
Customer Insight als Knotenpunkt	
Welche motivationale Barriere beschreibt das Problem aus Zielgruppensicht am besten (antiarchetypische Metapher)?	
„Ich fühle mich wie eine Marionette, die sich permanent Routinearbeiten unterwerfen muss. Ich brauche einen Freund, der mir Sicherheit gibt, dass alles 100 %ig funktioniert."	

3.4 Relevanz für Startups

In der Gründungsphase stehen Startups vor einer Vielzahl an Herausforderungen, darunter der Aufbau einer aussagekräftigen Markenidentität sowie einer entsprechenden Kommunikation nach außen. Dies ist von entscheidender Bedeutung, um das Vertrauen von Kunden, Investoren und anderen Stakeholdern zu gewinnen (Mielke et al., 2019, S. 137). Häufig sind sich Startup-Gründer der Bedeutung einer Marke bewusst, doch fehlt es oftmals an zeitlichen und finanziellen Ressourcen oder dem nötigen Know-how (Amend et al., 2019, S. 8). Auch wird der Aufbau einer Marke verschoben, weil man denkt, dass das Startup-Geschäftsmodell Vorrang haben sollte. Hier hilft das erweiterte Fliegenmodell, denn es integriert Geschäftsmodell- und Markenkonzept-Elemente (Pätzmann & Adamczyk, 2020, S. 44; Pätzmann & Kübler, 2023, S. 172). Musik als akustischer Reiz ist heute kaum noch aus der Markenkommunikation wegzudenken, da sie in der Lage ist, u. a. Emotionen auszulösen und dadurch die Kundenloyalität zu stärken. Zudem ist ein medienübergreifender Einsatz über diverse Brand Touch Points möglich – sowohl über digitale Kanäle als auch physische Kontaktpunkte selbst – und kann damit gezielt zur Wiedererkennung der Marke eingesetzt werden (Ringe, 2005,

S. 49). Startups könnten die in dieser Arbeit gewonnenen Erkenntnisse nicht nur für initial zu treffende Entscheidungen im Rahmen der Musikauswahl heranziehen, sondern darüber hinaus auch strategisch zur akustischen Vermittlung spezifischer Markeneigenschaften nutzen. Auf diese Weise werden gezielt Assoziationen bei den Rezipienten ausgelöst. Hierdurch kann eine konsistente Markenbotschaft über verschiedene Kommunikationskanäle hinweg gewährleistet und somit zu einer nachhaltigen Etablierung des Start-ups am Markt beigetragen werden. Nicht zuletzt weist der Einsatz von Archetypen und Antiarchetypen ein großes Potenzial auf, Werbekampagnen effektiv zu gestalten und sie durch eine klare akustische Positionierung von möglichen Konkurrenzmarken zu differenzieren. Um eine neue aufstrebende Marke möglichst nachhaltig im Gedächtnis potenzieller Konsumenten zu verankern, hat sich in den letzten Jahren beispielsweise das Storytelling zu einem vielversprechenden Ansatz entwickelt. Dabei wird mittels kurzer Geschichten die Markenbotschaft an den Rezipienten herangetragen (Pätzmann & Busch, 2019, S. 49). Werden diese basierend auf dem archetypischen Modell von Pätzmann und Hartwig (2018) kreiert, lassen sich die Geschichten gezielt auf die Markenidentität abstimmen. Die Erkenntnisse des vorliegenden Essentials können nun ergänzend herangezogen werden, um möglicherweise unterschiedliche (Anti-) Archetypen in verschiedenen Szenen akustisch zum Ausdruck zu bringen und so die Geschichten noch wirkungsvoller zu gestalten. Dies bietet insbesondere für Startups, aber auch für bereits etablierte Unternehmen eine konkrete Möglichkeit, ihre Marke einzigartig, emotional und direkt ansprechend zu kommunizieren.

Was Sie aus diesem *essential* mitnehmen können

- Einordung der relevanten Musikgenres in das archetypische Modell von Pätzmann & Hartwig
- Darstellung des archetypischen Motivkraftfeldes mit Beispiel-Songs als Kompass für die akustische Markenführung
- Prozessdarstellung einer musikalischen Kommunikationskette
- Einsatzmöglichkeiten im Markenmix
- Das erweiterte Fliegenmodell als Sprungbrett für eine markeninduzierte Geschäftsmodellentwicklung
- Ableitung für Startups

J. U. Pätzmann, F. Arnold, *Akustische Markenführung mit Archetypen*, essentials, https://doi.org/10.1007/978-3-658-52144-8

Literatur

Ainsley, R., Barker, D., Lutchmayer, K., Hewett, I., Colton, L., Wilson, A., Weeks, M. (2016). *Klassische Musik* (J. Burrows, C. Wiffen, K. Braun (Hrsg.) Übers). München: Dorling Kindersley.

Amend, Y. N., Berdi, N., Kern, J., Rundau, R., Schmelz, M., Kochhan, C., & Schunk, H. (2019). Marke und Kommunikation in start-ups: Ergebnisse einer Interviewstudie. In C. Kochhan, T. Könecke, & H. Schunk (Hrsg.), *Marken und start-ups: Markenmanagement und Kommunikation* bei Unternehmensgründungen (S. 7–31). Wiesbaden: Springer Gabler.

Audiocrowd. (2024a). Country Musik: Die Seele des amerikanischen Landlebens https://de.audiocrowd.net/genre/country.

Audiocrowd. (2024b). EDM: Die Belebende welt der Elektronischen Tanzmusik—Für videos und mediale Projekte. Abgerufen von https://de.audiocrowd.net/genre/edm.

Audiocrowd. (2024c). Gemafreie Musik zur Entspannung—Einfach mal abschalten https://de.audiocrowd.net/genre/ambient.

Audiocrowd. (2024d). Groovy jazz Musik https://de.audiocrowd.net/genre/jazz.

Audiocrowd. (2024e). Klassische Musik: Zeitlose Eleganz und Virtuosität https://de.audiocrowd.net/genre/klassische-musik.

Audiocrowd. (2024f). Pop Musik: Der Globale Ohrwurm https://de.audiocrowd.net/genre/pop.

Audiocrowd. (2024g). Punk Musik: Die Rebellen der Rockmusik https://de.audiocrowd.net/genre/punk.

Audiocrowd. (2024h). Reggae Musik: Die Botschaft der Einheit und Freiheit https://de.audiocrowd.net/genre/reggae.

Audiocrowd. (2024i). Rock Musik: Die Kraft der rebellion und Leidenschaft https://de.audiocrowd.net/genre/rock.

Ballhausen, M., & Tallau, C. (2008). Akustische Markenführung: Von der Markenidentität zum akustischen Markenauftritt. Transfer – *Werbeforschung & Praxis,* (*4*), 48–55.

J. U. Pätzmann, F. Arnold, *Akustische Markenführung mit Archetypen*, essentials, https://doi.org/10.1007/978-3-658-52144-8

Bandar, I. S., & Willers, C. (2011). Der differenzierende Charakter von audio brands in der Kommunikationspolitik. In F. Völckner, C. Willers, & T. Weber (Hrsg.), *Markendifferenzierung: Innovative Konzepte zur erfolgreichen Markenprofilierung* (S. 315–338). Wiesbaden: Gabler.

Bielefeldt, C., & Pendzich, M. (2012). *Popgeschichte: Stars, sounds, stile*. Handorf: Lugert.

Bischof, N. (1997). *Das Rätsel Ödipus: Die biologischen Wurzeln des Urkonfliktes von Intimität und Autonomie* (4. Aufl). München: Piper.

Bischof, N. (2014). Psychologie: Ein Grundkurs für Anspruchsvolle (3. Aufl). Stuttgart: W. Kohlhammer.

Borch, L. (2022). *Die 200 besten R&B songs Aller Zeiten*. https://popkultur.de/die-200-besten-rb-songs-aller-zeiten/.

Boulaghmal, I., & Polfuß, J. (2023). *Hiphop-marketing: Hiphop-Kultur verstehen und authentische Marken gestalten*. Wiesbaden: Springer Gabler.

Bronner, K., & Hirt, R. (Hrsg.). (2016). *Audio-branding: Entwicklung, Anwendung, Wirkung akustischer Identitäten in Werbung, Medien und Gesellschaft* (3. Aktualisierte und erweiterte Auflage). Baden-Baden: Nomos.

Bruner, G. C. (1990). Music, mood, and marketing. *Journal of Marketing, 54*(4), 94–104.

Crauwels, K., Crauwels, D., Tritsmans, M., Vandeplas, S., De Jonghe, D., Nelissen, P., Haesendonck, D. (2022). Musicmap https://www.musicmap.info

Dorner, L. (2020). *Die Geschwindigkeit des Hörens* https://www.zentrum-hoeren.at/die-geschwindigkeit-des-hoerens/

Eerola, T. (2011). Are the emotions expressed in music genre-specific? An audio-based evaluation of datasets spanning classical, film, pop and mixed genres. *Journal of New Music Research, 40*(4), 349–366.

Fifka, M. S. (2019). *Rockmusik in den 50er und 60er Jahren: Von der jugendlichen rebellion zum protest einer generation* (2. Aufl). Baden-Baden: Nomos.

Flecker, J. (2014). *Die Bedeutung von Musik für die Gestaltung von Markenpersönlichkeit* (B. Swoboda & T. Foscht, (Hrsg.). Wiesbaden: Springer Gabler.

Frith, S. (2007). „The real thing—Bruce Springsteen". In T. Cateforis (Hrsg.), The rock history reader (S. 247–253). New York: Routledge.

Galenza, R. (2005). Zwischen „Plan" und „Planlos": Punk in Deutschland. In Stiftung Haus der Geschichte der Bundesrepublik Deutschland & Bundeszentrale für politische Bildung (Hrsg.), *Rock! Jugend und Musik in Deutschland* (S. 96–103). Leipzig: Ch. Links.

Gassmann, O., Frankenberger, K., & Choudury, M. (2018). *Der St. Galler business model navigator: 55+ Karten zur Entwicklung von Geschäftsmodellen. München*: Carl Hanser Verlag.

Gassmann, O., Frankenberger, K., & Choudury, M. (2021). *Geschäftsmodelle entwickeln: 55+ innovative Konzepte mit dem St. Galler Business Model Navigator* (3. Aufl). München: Hanser.

Geiger, C. 2023). Reggae: Der sound, die Klassiker und der vibe https://www.stretta-music.de/journal/musik-in-aller-welt/intro-reggae

Grow, K. (2021). *Heavy metal: Von hard rock zu extreme metal* (H. de Rijke, Übers.). Mailand: White Star.

Gutjahr, G. (2019). *Markenpsychologie: Wie Marken wirken—Was Marken stark macht* (4. überarbeitete und erweiterte Aufl). Wiesbaden: Springer Gabler.

Hebel, M., Kusterer, D., & Pätzmann, J. U. (2024). *Archetypisches storytelling in Videospielen: 12 storytelling-Formate für kreativere Videospieleentwicklung*. Wiesbaden: Springer Gabler.

Jung, C. G. (2020a). *Archetypen: Urbilder und Wirkkräfte des kollektiven Unbewussten* (4. Aufl, L. Jung, Hrsg.). Ostfildern: Patmos.

Jung, C. G. (2020b). Über den Archetypus mit besonderer Berücksichtigung des Animabegriffes (1936). In L. Jung (Hrsg.), Archetypen: Urbilder und Wirkkräfte des kollektiven Unbewussten (4. Aufl, S. 71–93). Ostfildern: Patmos.

Jung, C. G. (2020c). Zur Psychologie des Kindarchetypus (1940). In L. Jung (Hrsg.), *Archetypen: Urbilder und Wirkkräfte des kollektiven Unbewussten* (4. Aufl, S. 135–171). Ostfildern: Patmos Verlag.

Kah, R. (2019a). Elektronische tanzmusik—Stil und musikrichtungen https://ronaldkah.de/elektronische-tanzmusik/

Kah, R. (2019b). Klassische musik—Epochen und merkmale im überblick https://ronaldkah.de/klassische-musik/

Kah, R. (2023). Was ist ein Takt? Definition, Merkmale & Taktarten im Überblick https://ronaldkah.de/was-ist-ein-takt/.

Kastner, S. (2008). *Klang macht Marken: Sonic branding als Designprozess*. Wiesbaden: Gabler.

Kilian, K. (2016). Von der Markenidentität zum Markenklang als Markenelement. In K. Bronner & R. Hirt (Hrsg.), *Audio-Branding: Entwicklung, Anwendung, Wirkung akustischer Identitäten in Werbung, Medien und Gesellschaft* (3. Aufl, S. 33–49). Baden-Baden: Nomos.

Kissel, F. (2024). Musikrichtungen: Beliebte genres im Überblick. https://www.delamar.de/fun/musikrichtungen-71488/

Kitter, C. (2020). Wer hat eigentlich den rap erfunden?: Entstehungsgeschichte, Werte und Genres des Rap https://www.medienradar.de/hintergrundwissen/artikel/wer-hat-eigentlich-den-rap-erfunden

Klassik Radio. (2024). Alles anders und alles neu: Die wiener Klassik https://www.klassikradio.de/alles-anders-und-alles-neu-die-wiener-klassik-epochenwissen/.

Kratzer, T., Ferdinand, H.M., Kramer, I., & Pätzmann, J. U. (2018). Markenpositionierung durch Archetypen: Eine konzeptionelle analyse mithilfe eines archetypischen Positionierungsmodells. *Markenbrand, 6*(6), 12–21.

Laut AG. (2024a). Pop https://www.laut.de/genres/pop-89

Laut AG. (2024b). Punk https://www.laut.de/genres/punk-67

Litzow, W. (2023). *Musik und Physik: Vereint in drei Bereiche*. Düren: Shaker.

Lorenz, A. K., Bilger, R., Ferdinand, H. M., & Pätzmann, J. U. (2018). Der Wandel des archetypischen Heldenbildes im modernen marketing: Eine explorative Untersuchung des Heldenmotivs in Werbekampagnen. *Markenbrand*, *6*(6), 22–31.

Mai, F. (2010). Akustische Markenführung: Das auditive Erscheinungsbild einer Marke. *Erfurter Hefte zum angewandten Marketing,* (29), 11–28.

Mark, M., & Pearson, C. S. (2001). *The hero and the outlaw: Building extraordinary brands through the power of archetypes*. New York: McGraw-Hill.

Mayring, P. (2022). *Qualitative Inhaltsanalyse: Grundlagen und Techniken* (13. Aufl). Weinheim Basel: Beltz.

Mielke, G., Lobenstein, S., & Mantel, P. (2019). Erfolgsfaktor Unternehmenskultur für die Markenwahrnehmung von start-up-Unternehmen: Merkmale, Bedeutung, Gestaltungsmöglichkeiten. In C. Kochhan, T. Könecke, & H. Schunk (Hrsg.), *Marken und start-ups: Markenmanagement und Kommunikation bei Unternehmensgründungen* (S. 133–153). Wiesbaden: Springer Gabler.

Miller, V., & Pätzmann, J. U. (2023). *Archetypical roles in Startups: Eight personality traits you need in your founding team.* Cham: Springer.

Musikzentrale N. (2024). Musikrichtungen & Rockmusik https://www.musikzentrale.com/news/musikrichtungen-was-rockmusik-ausmacht-ein-versuch-es-zu-erklaeren/

Nölke, S. V. (2009). *Das 1 × 1 des audio-Marketings: Der navigator für audio-branding und audio-Interface-design.* Köln: comevis.

Osterwalder, A., & Pigneur, Y. (2011). *Business model generation: Ein Handbuch für Visionäre, Spielveränderer und Herausforderer* (J. T. A. Wegberg, Übers.). Frankfurt/New York: Campus Verlag.

Pätzmann, J. U., & Adamczyk, Y. (2020). *Customer insights mit Archetypen: Wie Sie mit archetypischen Metaphern Zielgruppen besser definieren und verstehen können.* Wiesbaden: Springer Gabler.

Pätzmann, J. U., & Benzing, T. (2018). Das tool: Archetypen zur Persönlichkeitsanalyse von Politikern. *Markenbrand, 6*(6), 8–10.

Pätzmann, J. U., & Busch, A. (2019). *Storytelling mit Archetypen: Video-Geschichten für das content marketing selbst entwickeln.* Wiesbaden: Springer Gabler.

Pätzmann, J. U., & Genrich, R. (2020). *Employer branding Mit Archetypen: Der Archetypische Persönlichkeitstest Zum Finden Von Markenkonformen Mitarbeitern.* Wiesbaden: Springer Gabler.

Pätzmann, J. U., & Hartwig, J. (2018). *Markenführung mit Archetypen: Von Helden und Zerstörern: Ein neues archetypisches Modell für das Markenmanagement.* Wiesbaden: Springer Gabler.

Pätzmann, J., & Kübler, C. (2023). Archetypes and colours: Findings of a quantitative study and their relevance for start-up brands. In Schallmo, D, Pätzmann, J, & Clauß, T (Hrsg.), *Entrepreneurship in the digital era: Case studies, approaches, and tools for ecosystems, business models, and technologies* (S. 147–176). Cham: Springer.

Pointer, A. (2015). *Beyoncé—Crazy in love: Die exklusive Biografie (P. Fleischmann, Übers.).* Höfen: Hannibal.

Raffaseder, H. (2016). Klangmarken und Markenklänge: Die Bedeutung der Klangfarbe im audio-branding. In K. Bronner & R. Hirt (Hrsg.), *Audio-Branding: Entwicklung, Anwendung, Wirkung akustischer Identitäten in Werbung, Medien und Gesellschaft* (3. aktualisierte und erweiterte Auflage, S. 99–116). Baden-Baden: Nomos.

Ringe, C. (2005). *Audio branding: Musik als Markenzeichen von Unternehmen.* Berlin: VDM Verlag Dr. Müller.

Rock Antenne. (2024). Bruce Springsteen: Die Geschichte hinter Born In The U.S.A. https://www.rockantenne.de/rockwissen/stars-und-bands/bruce-springsteen-born-in-the-usa.

Roth, S. (2005). *Akustische Reize als instrument der Markenkommunikation* (F.-R. Esch, R Decker, A Herrmann, H. Sattler, & H. Woratschek, Hrsg.). Wiesbaden: Springer Fachmedien Wiesbaden.

Rudolf-Müller, E., Kerkhoff, J., & Tiefenböck, F. (2023). Herz: Anatomie, Lage und Funktion. https://www.netdoktor.at/anatomie/herz/.

Schaefer, P. (2014). *Klänge, Emotionen und Audiobranding: Markenkommunikation mit Musik vor dem Hintergrund der emotionalen Wirkung musikalischer Gestaltungsparameter*. Hamburg: disserta Verlag.

Schallmo, D. (2013). *Geschäftsmodelle erfolgreich entwickeln und implementieren: Mit Aufgaben und Kontrollfragen*. Berlin, Heidelberg: Springer Berlin Heidelberg.

Schramm, H., & Spangardt, B. (2016). Wirkung von Musik in der Werbung. In G. Siegert, W. Wirth, P. Weber, & J. A. Lischka (Hrsg.), Handbuch Werbeforschung (S. 433–449). Wiesbaden: Springer VS.

Schwering, G. (2018). „Surrounding influence": Brian Eno und ambient-music. In J. Schröter, G. Schwering, D. Maeder, & T. A. Heilmann (Hrsg.), Ambient: Ästhetik des Hintergrunds. Wiesbaden: Springer VS.

Sirotzki, D. (2023). Country-Musik: Die 300 beliebtesten country songs Aller Zeiten https://popkultur.de/country-musik-die-300-beliebtesten-country-songs-aller-zeiten/.

Solomon, M. R. (2013). *Konsumentenverhalten* (9. Aufl). München: Pearson.

Spiegel, U., & Jens, M. K. (2010). Wir stellen vor: NoA® – Neuroversum of archetypes. index, *10*(1), 62–67.

Steinecke, S., & Pätzmann, J. (2023). Logo creation with archetypes: Using archetypical shapes to design brand-compliant logos for start-ups. In Schallmo, D., Pätzmann, J, & Clauß, T (Hrsg.), Entrepreneurship in the digital era: Case studies, approaches, and tools for ecosystems, business models, and technologies (S. 117–146). Cham: Springer.

Steiner, P. (2015). Akustisches Markendesign: Nutzerspezifische Wirkung akustischer Marken-websites. Wiesbaden: Springer Gabler.

Steiner, P. (2021). Quick guide sound marketing: Wie Sie mit akustischen Reizen Ihre Marke stärken. Wiesbaden: Springer Gabler.

Steiner, P. (2022). *quick guide multisensorisches marketing: wie sie mit allen sinnen ihre marke stärken.* Wiesbaden: Springer Gabler.

Tauchnitz, J. (1990). Werbung mit Musik: Theoretische Grundlagen und experimentelle Studien zur Wirkung von Hintergrundmusik in der Rundfunk- und Fernsehwerbung. Heidelberg: Physica.

Ulrich, C. (2016). Abgehört—Der Stellenwert der akustischen Markenführung aus Expertensicht. In K. Bronner & R. Hirt (Hrsg.), *Audio-Branding: Entwicklung, Anwendung, Wirkung akustischer Identitäten in Werbung, Medien und Gesellschaft* (3. Aufl), S. 131–140). Baden-Baden: Nomos.

UmfrageOnline. (2024). UmfrageOnline website https://www.umfrageonline.com/

Weiser, S. (2023). Heavy metal—Ein genre kurz erklärt https://systmus.blogs.uni-hamburg.de/heavy-metal-ein-genre-kurz-erklaert/

Winkler, T. (2007). Heavy metal thunder https://www.kinofenster.de/filme/archiv-film-des-monats/kf0704/heavy_metal_thunder/

Wulff, H. J. (2021). Ambient music https://filmlexikon.uni-kiel.de/doku.php/a:ambientmusic-8097.

Wünsch, S. (2024). Warum Bob Marley eine Ikone der Menschenrechte ist https://www.dw.com/de/bob-marley-reggae-menschenrechte/a-68197828

MIX
Papier | Fördert gute Waldnutzung
FSC® C083411

Zeitfracht Medien GmbH
Ferdinand-Jühlke-Straße 7
99095 Erfurt, Deutschland
produktsicherheit@kolibri360.de